高等院校教师教育系列教材

GAODENG YUANXIAO JIAOSHI JIAOYU
XILIE JIAOCAI

丛书主　编：潘百齐　郭宁生
丛书副主编：周晓静　杨　跃

JIAOSHI LINGDAOLI

教师领导力

周晓静　郭宁生　主　编

北京师范大学出版集团
BEIJING NORMAL UNIVERSITY PUBLISHING GROUP
北京师范大学出版社

图书在版编目(CIP)数据

　教师领导力/周晓静，郭宁生主编. —北京：北京师范大学出版社，2014.1(2022.1重印)
　　ISBN 978-7-303-17352-5
　(高等院校教师教育系列教材)

　I. ①教… II. ①周… ②郭… III. ①教师主导作用－高等院校－教材 IV. ①G421

　中国版本图书馆 CIP 数据核字(2013)第 293296 号

营 销 中 心 电 话　010-58802135　010-58802786
北师大出版社教师教育分社微信公众号　京师教师教育

出版发行：北京师范大学出版社　www.bnupg.com
　　　　　北京市西城区新街口外大街 12-3 号
　　　　　邮政编码：100088
印　　刷：天津旭非印刷有限公司
经　　销：全国新华书店
开　　本：730 mm×980 mm　1/16
印　　张：10.75
字　　数：190 千字
版　　次：2014 年 1 月第 1 版
印　　次：2022 年 1 月第 7 次印刷
定　　价：28.00 元

策划编辑：陈红艳　　　　　责任编辑：陈红艳
美术编辑：焦　丽　　　　　装帧设计：焦　丽
责任校对：陈　民　　　　　责任印制：陈　涛

序

今天，教育质量日益影响国家与社会的发展水平与速度，关系到人的生命质量与价值。作为教育母机的教师教育无疑成为社会关注的热点问题。我国当下正处于教师教育改革与发展的重要时期，改革教师教育课程，是提高教师教育质量，保证教师专业水平的关键之举。

2011年11月，我国第一部《教师教育课程标准（试行）》历经8年精心研制，20余次修改完善，终于正式颁布实施。该标准针对我国教师教育存在的突出问题，汇聚了我国师范院校多年来教职课程改革实践的结晶，并集中反映了我国新时代教师教育的改革诉求，对我国深化教师教育改革尤其是课程改革具有重要意义。

《教师教育课程标准（试行）》以教师专业发展为主线，"为了每一个教师的发展"、"为了教师团队的发展"。要实现教师个人发展，必须注重从教书匠的训练走向教育家的成长、从定型化教学转向情境化教学、从技术性实践转向反思性实践、从理论的实践化转向实践的理论化。要实现教师团队的发展，则要注重教师学习共同体与教师合作文化的形成，强调将教师团队建设转化为一种内在的文化生成。"育人为本、实践取向、终身学习"是教师教育课程的基本理念。教师是儿童发展的促进者，教师工作的出发点与归宿是儿童发展；教师在教学工作中必须坚持"儿童为本"或"儿童本位"，发现儿童的特性，尊重儿童的学习权利。教师是反思性实践者，教师工作是在理论指导下的实践活动，教师工作就是在复杂多变的实践情境中通过实践问题的解决与实践经验的反思，形成自身的实践智慧、发展教学风格的过程。教师是终身学习者，教师工作是一种终身学习的专业，需要开展更为专业的学习，在这一过程中要努力坚持"越是基于学习者的内在需求越是有效"，"越是扎根于学习者的鲜活经验越是有效"，"越是细致地反思学习者自身的经验越是有效"等基本规律。

本套教材的编写者均为从事教师教育理论研究与教学实践的教育工作者。教材编写依据《教师教育课程标准（试行）》的基本理论与要求，以《国家中长期教育改革和发展规划纲要（2010—2020年）》以及全国教师工作会议精神的要求为指导，结合当前基础教育改革逐步深入对高素质师资的诉求，旨在提升新师资培养质量，培养未来的人民教育家，深入推进基础教育课程改革和教师教育改革。教材编写反映了教师教育学科研究的最新成果，紧紧把握学科建设前沿问题，具有国际视野，并立足于本土开展研究，在对实际问题的研究过程中，将教师专业化进程推向深入。在内容方面与时俱进，具有鲜明的时代特色。教材贴近基础教育现实，以身边的现实问题和鲜活事例为教学和研究素材，具有鲜明的实践性与区域特色，有利于学习者构建教育理念，树立教育信念，提高解决教育实际问题的能力。教材编写体例新颖、层次分明、表达规范、语言易懂，不仅仅是教材，也是学材，具有较强的可读性。

　　总之，本套教材编写既注重理论涵养与能力提升相结合，又注重境外视野拓展与本土问题解决相结合，同时还富含大量的案例研究和有效的专业发展演练活动。本套教材不仅适用于教师教育机构师范专业学生的课程教学，而且还适用于中小学教师在职专业学习，这也体现了教师教育职前职后教育一体化的新理念，为提升教师专业发展水平做出了新的尝试和探索。本套教材的编写，正逢其时。

钟启泉

2013 年 8 月

前　言

　　领导就是带领、引导和影响的意思。作为一种社会分工，领导古已有之。文字记载表明，在人类发展的各个历史阶段中，凡是以群体进行活动的地方，都存在着领导活动。领导活动几乎和人类历史一样悠久。越来越多的研究都表明领导和领导力对社会发展具有重要价值。随着教育改革成为席卷全球的潮流，教师日益成为教育改革的关键。许多国家采取了针对教师的各项措施，以期顺利推进教育改革，提升教育质量。教师领导力即是其中一项重要举措。

　　教师领导力作为教师专业素养的新诉求，是伴随着当前基础教育改革的逐步深入而兴起的。随着教育改革的推进，越来越多的迹象表明，教师在教育改革中扮演着非常重要的角色，他们不是作为改革的追随者在参与教育活动，而是作为改革的领导者在参与教育活动。如果没有教师的真正参与、引领、合作和行动，教育改革就只是一种形式和口号，无法真正带来学校的改进和教学实践的变化。教师领导力不是教师对实际行政性权力的掌控，它是由教师的专业权力和教师本身所具有的非权力性要素共同形成教师在学校群体活动中的影响力。认识教师领导力、提升教师领导力，是我国基础教育课程改革深度推进的需要，是满足人民群众对优质教育渴求的需要。2011 年至 2012 年，教育部制定颁布了《中学教师专业标准（试行）》和《教师教育课程标准（试行）》，对教师专业发展工作进行引领和规范。为了更好地贯彻落实国家、江苏省《中长期教育改革和发展规划纲要（2010—2020 年）》《国务院关于加强教师队伍建设的意见》以及《教师教育课程标准（试行）》等文件精神的要求，深入推进教师教育改革发展，培养卓越的教师专业人才，服务基础教育和经济社会发展的要求，我校在充分调研、整合重构、实验试行的基础上，开设教师教育必修课程"教师领导力"。

　　本教材以培养卓越教师人才为目标，以教师专业成长的问题与需要为出发点，充分彰显时代特性与教师教育特色。本教材的主要特色与创新之处。第一，跟进学科前沿与立足基础教育教情相结合。本教材充分反映当代教师教育研究的最新成果，体现教师教育改革精神，将教师专业人才培养的最新成果与智慧纳入课程建设视野。同时，以对基础教育师资现状与基础教育改革对教师素质的诉求这一对关系的研究为课程建设与开发的原点，与基础教育现状、基础教育课程改革的问题与需求对接，在问题分析与案例选择中均注重现实性与实践性。第二，继承与创新相结合。教师领导力是教师专业发展的新问题，培养教师领导力是我国当下教师教育改革的一个极具创新意义的挑战。然而对这个新问题的研究和解决又是建立在有师范教育以来所积累的教师人才培养的宝贵经验基础之上，比如，教师的道德领导力与我国教书育人的教师职业信念的传承关系，教师的班级领导力与班主任专业建设成果的关系等。本教材在汲取国外同类研究养料以及对我国教育现状分析的基础上，充分挖掘传统尤其是我校百年师范教育的经验，做到传承与创新相结合。第三，"学·研·做"相结合。"学·研·做"是教师专业发展过程中的三个要素。本教材在编写中力求成为有效促进"学·研·做"相结合的载体，从而有利于促进教师素养提升。教材，就其本质而言是学材。本教材编写从学习者需要出发，以育人为基本理念，梳理相关领域最新研究成果，以明晰的观点、易懂的论证、生动的案例，向学生打开一扇当代教师专业发展的窗户，使学生了解国内外教师专业发展的前沿动态和发展前景。本教材将研究作为重要的编写理念。第一，本教材的编写建立在研究的基础上，从问题的提出、案例的收集、策略的形成等，编写团队进行了大量的调查、访谈等研究工作。第二，在本教材编写中尤为重视的是，力求激发学习者的研究热情，培养他们的研究能力。本教材编写以案例导入，以问题为核心，通过拓展阅读、事件链接、领导力实践活动等环节，打破传统教材只是呈现确定、现成、完备的知识体系的封闭性流弊，构建开放的研究空间，启发、引领学生进行研究与反思。本教材在引领学生展望新时代教师素质及其养成的同时，设计了观摩、模拟、实训等专门的领导力教学活动，借助专门建设的与本课程配套的教师领导力实验室，以及校外教育实践基地，还原教师教育课程的实践特质，多层面、多途径地引导学生主动建构教育知识，发现和解决实际问题，将素质养成与能力训练结合起来。本教材通过"学·研·做"的相互观照与相互促进，不断推进学习者教师领导力素质的深化、内化。

本教材编写团队主要由南京师范大学从事教师领导力课程教学的人员组成，团队成员具有丰富的教师教育经验。具体编写分工如下：第一章（郭宁生），第二章（冯奕竞），第三章（杨跃），第四章（刘建），第五章、第六章（赵家荣），第七章（周晓静）。周晓静和郭宁生负责教材编写思路、提纲设计，以及全书修改、统稿工作。本书编写得到了江苏省教育科学研究院，以及扬州大学、江苏师范大学、盐城师范学院、南通大学等院校专家的指导与帮助，北京师范大学出版社编辑为本教材的编写付出了辛勤的劳动，南京师范大学的师范生对本书的写作提供了很多宝贵意见，在此表示诚挚的感谢！

编写者
2013 年 9 月 9 日

目　录

第一章　绪　论

【本章重点】

• 理解教师领导力的内涵，懂得教师领导力是教师专业素质的一个内在组成部分，是促进学生发展、学校发展以及教师自我实现的重要因素

• 明确教师领导力课程的学习要求和任务，懂得本课程学习在教师专业发展中的价值和地位

• 树立培养与发展自身的教师领导力的意识，提升教师专业发展能力

案例导入：写给光立爷爷的……①

那天下午，躲在墙角投下的阴影中，任凭泪水打湿整张脸，却不想让你看见。

【也许你不知道，你的到来，是我生命中最耀眼的亮点】

第一次看到你，觉得你是那么亲切。历经年华的脸上，丝毫看不出风蚀残年的痕迹，有的只是沉稳与慈祥。你脸上那一道道或深或浅的皱纹正是你渊博学识的沉淀。你的眼睛是那么明亮，亮得让天上的星星都不禁眨了眨眼。最喜欢的还是你那双耳朵，有点招风耳的味道，给你有亲和力的脸上增添了些卡通的可爱。你的嘴角总是荡漾着一抹温暖的微笑，好像三月的春风，把一切冰冷吹散，带来最明媚的春天。见到你时，我就喜欢上了你这位洋溢着老顽童气质的、精神矍铄的数学大师。茫茫人海之中，觉得你和我们是那么投缘。

【也许你不知道，你的教诲，使我的心理发生巨大的转变】

原本，数学对我来说就像生命中最苦的药，你明知道它苦，但不得不大量服用。不知什么原因，让我一直对数学充满恐惧，这感觉就像是被一层层厚重的乌云所包围，看不见阳光，抑郁、烦躁而绝望。每节数学课，每次考试都像一场噩梦。但自从你来后，你总有办法让我爱上数学。

第一节课，你说你要带我们玩数学。还记得你给我们做的那些数学游戏，一下子激起了我潜藏已久的数学细胞，让我突然爱上了数学思维体操的感觉。你可以不借助圆规在黑板上随意画出一个正圆，因为对你的敬佩，我决定学好

---

① 摘自江苏省南京市一位中学生的信件。

"三角函数"；你读"λ"的声音特别好听，这让我对"平面向量"产生了浓厚的兴趣；数学公式的千变万化总能在你的笔尖下俯首称臣，你能使天书般的式子在一瞬间拨开云雾，日渐清晰地呈现在我们眼前。你说你教我们的目的不在于一个分数，而在我们的态度、我们的思维、我们的想法。值得庆幸的是，你做到了，至少在我的身上，你成功了。也许我的分数并不完美，但我爱上了数学；爱上了在你课上的豁然开朗；爱上了笔尖在纸上飞快跳动的节奏感；爱上了课余无聊时做几道数学题的惬意；爱上了努力跟上你课堂脚步的那份紧张的喜悦。现在的数学课，是我每天最期待的、最向往的，在数字、图形乐园里畅游的宝贵时段。

【也许你不知道，你的关爱，定格在每个最感人的细节】

每天最期待的事就是拿到作业本，因为你时不时留下些鼓励的话语。每次在题目旁边见到"wonderful""好"时，我的心中会产生莫名的喜悦。你喜欢和我们通过作业本交流，对我们的问题也是有问必答。作业错误的地方，你帮我们写下正确的思路和过程，来不及当面交流的问题，你会详细地写在纸上，供我们参考。你和我们是没有代沟的。上课时，时不时来几句英文赢得全班的惊叹，"给力""神马"这些网络流行词也是你言辞中的常客。

最感人的是班级联欢会上，你用班上56个人的名字和任课老师的名字变成了一个无厘头的故事。我还记得我的名字被编成了"自转和公旋"定理，这应该很难想到吧？我可以想象你花费的心血，你说你修改了十几次，这十几次的润饰是你对我们的情感最真实的体现。

【也许你不知道，你的离去，是我记忆中最伤感的一页】

最近总听到你下学期不教我们的传言，我总在心里默默祈祷这种小道消息一定要被事实否认。但事与愿违，最残忍的就是从你口中亲口说出这个消息。那天和好朋友来问你问题，你正欲离去，我差点失口喊出"光立爷爷"（不知是谁先用这个亲切的名字称呼你的，反正久而久之，全班私底下都开始这么叫你了）。在帮我们讲解完题目后，你的表情有些凝重。你说，下学期不教我们了。在没有丝毫心理准备的前提下听到这个惊人的消息，我最后一层心理防线瞬间崩塌了。我赶紧侧过脸，不想让你因为我们的不舍而平添烦恼。既然要离开，就该开心地，毫不遗憾地，潇洒地挥手告别。但是，背过脸，躲在不起眼的墙角边，我任凭自己不舍的情绪肆意地宣泄。

【你的一切，将成为我生命中最珍贵的怀念】

上帝问我，你现在最想感谢谁？我会毫不犹豫地回答："我最想感谢上帝，因为他让我得到了六十亿分之一的机会，让我在世界六十亿人中，遇见了你。

记得你说过，曾经有个学生给你写了张卡片，卡片上画了一条抛物线，在上面取了个点，x轴是"幸福"，y轴是"陈老师"，点是"学生"，下面写了一段话：到陈老师的距离等于到幸福的距离。我没有他那么有智慧，那份感动是无法超越的。

但我想，我和你就像两个集合，本来是相离的，现在是相交的，未来又会是相离的，但我不会再悲伤了，因为我明白我对数学的兴趣是在区间$[0, +\infty)$上的单调增函数，光立爷爷的爱和我自身的努力合成了一种叫幸福的东西，而幸福的终点就是成功呀！

谨以此文感谢教了我一学期的光立爷爷，真的非常谢谢你，让我爱上了数学，爱上了与数学相伴的每一天。

——By 高一(3)班××

2011 年 1 月 19 日

领导行为是人类普遍存在的行为，领导活动是与人类社会一起产生的。马克思指出："一切规模较大的直接社会劳动或共同劳动，都或多或少地需要指挥，以协调个人的活动，并执行生产总体的运动——不同于这一总体的独立器官的运动——所产生的各种一般职能。一个单独的提琴手是自己指挥自己，一个乐队就需要一个乐队指挥。"[①]

在整个社会中，领导力广泛地分布于社会的各个部门——政府、公司、学校、社会机构等。领导力不是少数特殊人群的专利，而是存在于你我之中。今天，领导力已成为学校改进的重要途径，教师领导力成为对教师专业素养的新诉求。教师领导力不是某种静态特质，而是形成和发展于教育活动的过程中。正是教师的教育活动赋予领导力以生命，使领导力成为独特的创新艺术。从这个意义上可以说，领导力就是你！

第一节　领导力：一个古老的新概念

对领导和领导力的关注，东西方古已有之。但直至 20 世纪七十年代末，世界上著名的领导学大师詹姆斯•麦格雷戈•伯恩斯（James MacGregor Burns）仍在其著作《领导论》中声称：领导是地球上见得最多却对之认识最少的现象。近年来，领导学逐渐成为一个新的研究热点，而领导学在中国的发展肇

---

① 马克思，恩格斯：《马克思恩格斯全集》，第 23 卷，第 367 页，北京，人民出版社，1972。

始于 20 世纪八十年代。

一、领导力的主体：从精英到大众

今天，领导学的研究取得了丰硕的成果。对领导力认识的发展中最具革命性的一点就是：领导力从一种属于少数精英的能力到一种属于大众的能力。

（一）属于少数精英的一种能力

领导是一种历史现象。自古代社会以来，西方社会不同时期都存在着一些从事领导事务的人，这些被称为领导（leader）的人往往被看作是具有杰出才能的统治者或管理者，他们具有常人所不具备的特殊品质。这种观点在对领导力进行科学研究之前较为盛行。在公元前 6 世纪的中国文献中，老子就描述了高效领导者的品质。按照老子的说法，智慧的领导者无私、诚实、行动符合时机、处理冲突公平、能够放权给别人。早期和中世纪神话（如荷马的《伊利亚特》和《奥德赛》）重视英雄的品质，而圣经文字则强调领导者的品质是智慧和利他。柏拉图在《理想国》中以金银铜铁来论述人的先天素质禀赋。柏拉图认为，神用不同的材料来造人，有的人是神用金子做的，金子的材质使人具有智慧的美德，这些人有成为领袖的可能，但是这样的人很少。有的人是神用银子做的，银子的材质使人具有勇敢的美德，他们是军人，担负保护国家的责任。有的人是神用铜做的，铜的材质使人具有勤劳的美德，他们会成为国家的劳动者。无论多好的教育，也不能将银和铜做的人教育成领袖。领导力注定是少数精英人物具备的天赋素质。

长期以来，这种"英雄式"领导论一直影响着人们对领导力的认识。许多人的思想中都有这样一种根深蒂固的观念，即领导者是上帝或造物主特别选定，并被赋予领导才干的人。他们生来光芒四射，注定有受其管辖的芸芸众生紧随其后。

20 世纪深受人们青睐的领导特质理论，是最早对领导进行系统研究的尝试之一，然而领导特质理论依然是"英雄式"领导论的延续。领导特质研究主要是确定成为领导者的决定因素，这个理论也被称为"伟人"理论，因为这些理论的重点是要确定社会、政治以及军事等方面的领导者，具有哪些与生俱来的特质和特征。在这一时期，研究者们主要集中于研究领导者区别于普通人的特质。

20 世纪中期以来，领导特质理论受到了挑战，领导者特质的普遍性受到质疑，领导特质理论的研究也获得了新的发展。1948 年，Stogdill 提出，领导者与非领导者之间特质的差异在各种场合并不是固定不变的，如果仅仅把一些特质组合起来，这个人是成不了领导者的。他认为一个人不会因为拥有一些特质就能成为领导者，而"取决于他的个性方式与追随者的性格、活动，以及目标是否有某些相关性"（Stogdill（1947）[①]。有证据表明，领导力是社会情境中人与人之间存在的一种关系，一个人在某一种情境中是领导者，在另一个情境中不一定会是领导者。特质确实可以解释领导者产生和领导者效率之间不一致的原因，然而特质必须和情境因素结合在一起，以预测领导者产生及其效率。一个具有领导特质的人在某个场合可能成为领导者，在另一个场合则不一定还能成为领导者，因为"领导并不是个人所拥有的可以量化的东西，它与社会情境中的人际关系有关"[②]。虽然与领导有关的个人因素仍是十分重要的，但是这些研究者坚决主张这些因素应该是与情境的需要有关的。这些研究推进了领导特质研究的发展（见表 1-1）。

表 1-1　领导者特质的研究[③]

Stogdill (1948)	曼恩 (1956)	Stogdill (1974)	劳德、戴维德和埃利杰 (1986)	柯克帕特切克和洛克 (1991)
智力水平	智力水平	成就欲	智力水平	进取性
应变能力 洞察力 责任感 创新精神 坚韧性 自信心 社会交往能力	男子气 适应能力 支配能力 外向特质 自控能力	坚韧性 洞察力 创新精神 自信心 责任感 合作精神 忍耐力 影响力 社会交往能力	男子气 支配能力	积极性 正直 自信心 认知能力 任务知识

　　直至今天，以特质理论来解释特质如何影响领导行为的研究依然引起学者们的关注。

---

　　① ［美］安东纳基斯，茜安西奥罗，斯滕伯格：《领导力的本质》，第 179 页，柏学翥，刘宁，吴宝金，等译，上海，上海人民出版社，2007。

　　② ［美］诺思豪斯：《领导学：理论与实践》，第 9 页，吴荣先，译，南京，江苏教育出版社，2002。

　　③ ［美］诺思豪斯：《领导学：理论与实践》，第 11 页，吴荣先，译，南京，江苏教育出版社，2002。

(二)属于芸芸大众的一种能力

现代社会日益呈现多样性、复杂性的特点，而领导学的研究也渐呈快速发展趋势，对领导力的认识取得了突破性进展，其中最重要的一条就是不再将领导和管理问题看作是高层人员的专门领域。

美国两位研究领导力的顶级高手，詹姆斯·库泽斯和巴里·波斯纳，在世界范围内开展了多年的研究，他们的发现挑战了"领导者只存在于组织和社会的高层"这一认识，提出极为鲜明的一个观点：领导力不是职务地位，也不是只有少数人具有的特权专利。詹姆斯·库泽斯和巴里·波斯纳认为，在 21 世纪，领导力是一种积极互动的、目的明确的人际影响力，它存在于政府、企业、学校、医院、军队、社会团体的各个层次和各个角落，存在于芸芸众生之中，存在于你我之间。"所谓领导力就是一种特殊的人际影响力。现实生活中的每一个人都会去影响别人，也要接受别人的影响。因此每一个人身上都具有影响力，每一个人身上也都具有潜在的和现实的领导力。"①他们宣称在"每个地方都发现了领导人"。②。我国学者刘峰在《领导大趋势》一书中提出，21 世纪的领导大趋势是从英雄主义的领导转变到平民化的领导。

二、领导力的内涵

(一)领导

领导，从其中文词义来看，就是率领和引导的意思。在现实生活和管理实践中，人们对领导的含义大体上有以下几种认识：一是担任某种职务的人，二是实施领导的行为，三是影响力的体现。学术界对领导的定义有不同的界定，例如，美国学者哈罗德·孔茨认为，"领导是影响人们使之跟着去完成某一共同目标的行为"，领导包含了关注目标。华伦·本尼斯认为："领导是促使一位下属按照所要求的方式活动的过程。"台维斯认为领导是"一种说服人们热心追求一定目标的能力"。海曼、斯考特认为："领导是一种程序，使人得以在选择目标及达成目标上接受指挥、导向及影响。"③ Gronn 认为应该将"领导"看作一种实践活动。Spillane 继承了他的看法，提出了"领导实践"的概念，认为领导实践是领导者、追随者和情境三者互动的结果。其中，情境包括常规、工具、

---

① [美]詹姆斯·库泽斯，巴里·波斯纳：《领导力》，推荐序一，李丽林，杨振东，等译，北京，电子工业出版社，2004。

② [美]詹姆斯·库泽斯，巴里·波斯纳：《领导力》，第 24 页，李丽林，杨振东，等译，北京，电子工业出版社，2004。

③ 转引自梁仲明：《教育学通论：理论与实践》，第 2 页，北京，北京大学出版社，2007。

结构、文化。情境应该被理解为内在于领导实践的一个要素，而不是领导实践发生的背景。[①]

美国学者诺思豪斯（Northhouse，P. G.）认为："领导是个体影响一群个体实现共同目标的一个过程。"[②]他将领导定义为一个过程，表示着领导并不是存在于领导者身上的一种特质或特征，而是发生在领导者和其追随者之间的一种交互活动。当领导以这种方式定义时，它对我们每一个人来说都是可以获得的，并不仅仅局限于指一个群体委派的指导者。把领导描绘成一种特质与描绘成一个过程存在着很大的差别。我国有学者也提出了同样的观点，认为领导是"由多种要素构成的统一体，是领导者、被领导者和他们共同作用的领导环境相互结合、相互作用，实现既定目标的活动过程"（见表 1-2）。[③]

表 1-2　领导特质论与领导过程论关于领导概念的不同观点[④]

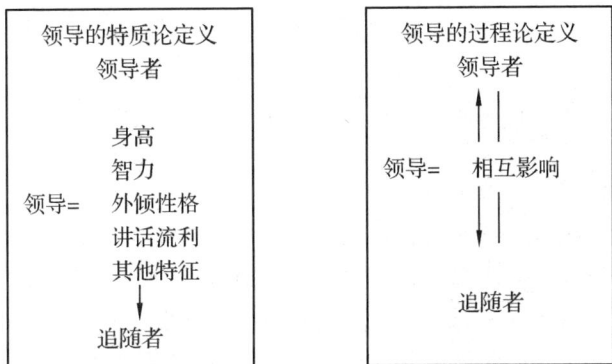

领导的概念多种多样，然而，有两点是得到广泛认同的。

首先，领导行为发生在群体中，群体是领导行为得以产生的环境。领导是一种群体的功能，需要人们的互动。在一个社群里，组织的原则之一就是领袖的社群，即所有社群成员都能在某时，以某种方式成为领袖。领导的目的在于提升专业性、重新分配权力和增强同僚互动。目前有关领导的讨论如分散的领导（dispersed leadership）、分享的领导（shared leadership）、分布的领导（distributed leadership）、集体的领导（collective leadership）、平行的领导（parallel

---

① 曾艳，卢乃桂：《教师领导如何发生？近十年"教师领导"研究述评》，载《教育科学》，2012(1)。

② ［美］诺思豪斯：《领导学：理论与实践》，第 2 页，吴荣先，译，南京，江苏教育出版社，2002。

③ 梁仲明：《教育学通论：理论与实践》，第 2 页，北京，北京大学出版社，2007。

④ ［美］诺思豪斯：《领导学：理论与实践》，第 3 页，吴荣先，译，南京，江苏教育出版社，2002。

leadership)等，都试图超越传统等级制的组织模式的局限。它们之间的区别只在于成员在权力分享上的程度，或称"领导密度"。所以说，新的领导概念强调的是集体，而非个人、角色或等级。其次，领导涉及有意地影响他人的行为，包括对他人的信念、行为和价值观产生影响。不同之处在于，这种影响是如何产生的以及其目的是什么，是处于正式行政角色的人通过职位获得的权力，还是通过其专业知识和道德力量对他人产生影响。

相关链接 1-1：领导和管理

管理和领导是两个既相异又相关的概念。关于领导的研究可以追溯到亚里士多德时期，而管理则是 19 世纪末 20 世纪初伴随着工业社会的到来而出现。有人认为"领导高于管理，领导是取得超过预期结果的必须因素"[①]。领导关注未来，引起变化，创造一种共同价值观的文化，而管理关注现在，保持现状与稳定，实施政策与程序。领导由意志主导，是在价值观、理想、愿景、象征，以及情感交流的基础上，以达到变革的目的。而管理是作为一种方法出现的，它使得组织减少混乱，能够更为高效率地运转。管理由目标驱动，在理性、行政手段，以及履行契约义务的基础上，最终达到稳定的目的。管理的基本职能首先由法约尔(Fayol，1916)界定：计划、组织、人事和控制。

管理是维持秩序，领导是推动变化。虽然是两个不同的概念，但却相辅相成，不能相互取代。管理强而领导弱会出现组织僵化，没有创新精神，战略上无法应对环境的变化。领导强而管理弱，则会出现失控的状态，承诺不能兑现，不能按照计划达到组织目标，预算严重超标(见表 1-3)。

表 1-3　领导和管理的区别[②]

管理	领导
计划与预算 组织及安排人员 控制并解决问题	确定方向 整合相关者 动员与激励
维持秩序	推动变化

(二)领导力

目前公认的几个关于领导力内涵的观点是：①领导力是一种过程；②领导

---

① ［美］安东纳基斯，茜安西奥罗，斯滕伯格：《领导力的本质》，第 6 页，柏学翥，刘宁，吴宝金，等译，上海，上海人民出版社，2007。

② 钟敏：《领导力实验室》，第 2 页，北京，清华大学出版社，2008。

力包括影响；③领导力在一种团队情境中产生；④领导力包括目标实现（Northhouse，2004）[①]。

　　要理解领导力的内涵，首先需要澄清领导和领导力这两个概念。领导和领导力这两个词在英语中同属英文单词"leadership"，在英语国家中它们一般不被区分开来[②]。我国研究者在进行翻译时一般都依据特定的语境来决定"leadership"是领导还是领导力。在对领导和领导力进行定义时，一般把领导定义为一个过程，把领导力界定为能力体系等，这种能力体系是内涵于领导行为中的。正如诺思豪斯所言，"领导包含了影响力。它涉及领导者如何影响追随者。影响力是领导行为的必备条件，没有了影响力，领导就不存在。"[③]

　　综合目前的研究，我们可以将领导力定义为，所谓领导力就是一种特殊的人际影响力，指个体影响一群个体以实现共同目标的能力。这种目标通常是具有变革和创新意义、需要付出创造性努力之后所达到的目标。所以，有学者补充认为，"领导力就是你影响别人的能力，尤其是对于那些具有挑战性的目标。"[④]从已有研究来看，领导力是从属于领导的一个概念。

　　领导学研究的进展挑战了对领导力的传统认识，领导力不是仅仅对少数几个领袖型的人、组织和社会的高层管用，而是一系列对我们大家都有用的能力体系。这一能力体系是可以通过后天学习得到不断提升和发展的，领导力提升和发展的过程是一种终身发展的、持续不断的过程。

相关链接1-2：领导力和权力

　　对领导力的定义还要求我们将之与权力这个概念区分开来。权力是领导者拥有的用来影响他人的潜在手段。权力是一种能够影响他人的能力或潜能。当人们具有影响他人的信仰、态度和行为过程的能力时，他们就具有了权力。例如首相、医生、教练以及教师等。组织中有两种主要权力：职位权（position power）和人格权（personal power）。职位权是指从正规组织系统的特定官职或头衔中衍生出的权力。校长比主任、普通教师更有权，正由于他们在组织中所拥有的地位不同。人格权是指一个领导者从追随者那里获得的权力。当领导者用对追随者来讲很重要的方式行为时，这就给领导者以权力。例如，有人之所

①　翁文艳：《国外领导教育与培训概览》，第6页，上海，华东师范大学出版社，2008。
②　基于本书部分参考文献并未对领导和领导力作区分，本书在引用时亦会出现概念的并用。
③　[美]诺思豪斯：《领导学：理论与实践》，第2页，吴荣先，译，南京，江苏教育出版社，2002。
④　[美]钱门等：《发现，然后培育你的领导力》，第2页，郑春蕾，译，北京，京华出版社，2003。

以拥有权力，是因为别人发现他们是很好的模范；有人拥有权力是因为他们被别人认为是能力很强、很替人着想的人。

根据权力来源的不同，又可以区分出"委派的领导"（assigned leadership）与"自然领导"（emergent leadership）[①]。一些人之所以成为领导是由他们在组织中的正式职位决定的，而另一些人之所以成为领导是由群体中其他成员对他们的反应方式决定的。这两种领导形式分别叫作委派的领导和自然领导。有人尽管被委派于某一领导岗位，但在一些特殊的情况下，他并不总是一位领导者。当一个人被别人认为是群体中或组织中最有影响力的一员时，那不管他实际头衔是什么，这个人就表现为自然领导。这类领导是在一段时间的交往过程中逐步显现的。一些积极的交往行为，包括言语交流，使自己信息灵通，征求别人的意见，提出新观点和坚定但不固执，都会造就成功的自然领导。

（三）领导者的使命

既然每一个人身上都具备领导力，那么理所当然，每一个人也都可能成为领导者，这不是痴人说梦。领导者是指"对一个组织内的个人和集体施加影响、帮助他们确立目标、引导他们完成所确立目标的一些人"。[②] 根据领导者的领导行为及其效果的不同，领导者可以分为高效领导者和低效领导者，体现出不一样的领导力。

领导者的使命是成就领导行为、彰显领导力的根源。对于领导者的使命，詹姆斯·库泽斯和巴里·波斯纳做了十分深入的研究，他们认为，领导者应当注重以下五种行为：以身作则，共启愿景，挑战现状，使众人行，激励人心[③]，以及由此而产生的十种使命：①明确自己的理念，找到自己的声音；②使行动与共同的理念保持一致，为他人树立榜样；③展望未来，想象令人激动的各种可能；④诉诸共同愿景，感召他人为共同的愿景奋斗；⑤通过追求变化、成长、发展、革新的道路来猎寻机会；⑥进行试验和冒险，不断取得小小的成功，从错误中学习；⑦通过强调共同目标和建立信任来促进合作；⑧通过分享权力与自主权来增强他人的实力；⑨通过表彰个人的卓越表现来认可他人

---

① ［美］诺思豪斯：《领导学：理论与实践》，第 4 页，吴荣先，译，南京，江苏教育出版社，2002。

② ［美］纳哈雯蒂：《领导力》，第 4 页，王新，译，北京，机械工业出版社，2003。

③ ［美］詹姆斯·库泽斯，巴里·波斯纳：《领导力》，第 19 页，李丽林，杨振东，等译，北京，电子工业出版社，2004。

的贡献；⑩通过创造一种集体主义精神来庆祝价值的实现和胜利。①

第二节　教师领导力：教师专业发展的新视角

教师领导力作为一个研究领域，以及教育改革的策略，是伴随着 20 世纪八十年代英美教育改革兴起的。美国、澳大利亚、加拿大和英国等欧美国家对教育这一公共部门的改革先是采用市场化，权力下放和问责制的策略，提高外部标准和加强对结果的控制。这种从上至下的官僚改革模式导致教师被技工化，去技能和失权，招致教师们的强烈反对。随着学校变革的推进和深化，人们日益发现，学校变革需要教师承担新的角色，在变革的过程中，教师绝非仅仅是变革的经历者，他们更是变革的领导者。随着学校教育越来越多样化、复杂化和追求创新性，无论是研究者还是一线的实践人员都感受到挖掘教师领导潜能的迫切性。

富兰（Fullan，1993）认为，"领导者以无所不能的英雄形象来实施学校管理并不能奏效。自上而下的指令和激励是推进学校改进的外部力量，但这在一定程度上还不够强大，还不足以形成动力机制以促使全体组织成员致力于学校改进。未来，学校的成功与否将取决于领导者能否挖掘出组织内部人力资源的潜力，能否提升自身的内涵和领导意识，能否构建一支富有责任感的团队。"②于是，改革的策略转而依靠教师的参与和教师素质的提高。

一、挑战与回应：当下教师专业发展新问题

教师领导力的概念最早是由利伯曼、萨斯尔和迈尔斯（Lieberman，Saxl & Miles）于 1988 年在一篇题为《教师领导：理念与实践》（*Teacher Leadership*：*Ideology and Practice*）的文章中首次提出的③。教师领导力的提出是对传统领导力观念的一个冲击。传统意义上，我们将领导者视为确定方向的特殊人员，他们作出关键的决策和鼓舞员工的士气。教师领导力建立的信念假设是领导力潜能广泛分布在组织成员之内，与呼吁更专业化和更多的学校教师的领导

---

① ［美］詹姆斯·库泽斯，巴里·波斯纳：《领导力》，第 26 页，李丽林，杨振东，等译，北京，电子工业出版社，2004。
② ［英］阿尔玛·哈里斯，丹尼尔·缪伊斯：《教师领导力与学校发展》，第 1 页，许联，吴合文，等译，北京，北京师范大学出版社，2007。
③ 陈纯谨，王红：《英国学校改进中的教师领导研究述评》，载《外国中小学教育》，2010(9)。

和合作能力有关。因此，很多学者在界定教师领导力的概念时常常将重心放在谁能够对同事产生影响力，和在哪些领域中产生影响。

20世纪八十年代初开始，美国兴起了教育重整运动的改革浪潮，随着教育改革的逐步推进，越来越多的迹象表明，学校如果单凭校长个人的领导，已经不足以应对学校外界环境的种种变化和改革。许多学者纷纷呼吁在学校组织内部进行领导结构的重整，让教师参与学校领导。在这种形势下，把教师培养成领导者的提倡越来越深入人心，发展教师领导力也成为各国教育改革中的重要议题之一。

英国薄弱学校改进最早始于1991年实施的"全面提升教育质量计划"(Improving the Quality of Education for All，简称IQEA)。该计划早先在英格兰东部、伦敦北部和约克郡的九所学校里开始试行，现今已逐步扩展到英国地方教育当局的两百多所学校。与美国那种依靠外部力量推动大规模学校改进的做法不同，英国政府更多的是采用一种内部驱动的深层次变革方式，将注意力转向了"合作型学校"(cooperative schools)的构建上，尤其是借助于教师领导力的开发来促进薄弱学校文化的重建。对此，英国著名学者雷诺兹(Reynolds)在评估IQEA时明确指出，学校改进成功的关键在于持续地关注教师领导力，并将其视为推动教育变革的重要力量。

欧美国家的教师领导是在去中心化、校本管理、分权、教师赋权等背景下产生的，其目的在于发挥专业人士在学校改进中的作用。在中国大陆，分权的程度远远不及欧美，学校的权力仍然集中在区、市一级的教育行政部门和校长手中。教师组织的力量还没有大到能影响地方甚至国家的教育决策的程度。新课程改革赋予教师许多新的角色，如教师作为学习者，教师作为学生学习的引导者、组织者，教师作为研究者等。可是，教师作为领袖却从未出现在政策中，在主流的学术刊物上也鲜有见到。然而，教师领导一直就存在，即使是在一个高度官僚的体系中。我们有一些传统的领袖教师的角色，如各级教研员、特级教师、各级学科带头人、年级组长和教研组长等还有一些没有任何头衔或职位的教师，在默默地改进教与学的实践，影响着同行。

教师是学校最宝贵的资源，教育改革最终都要依靠教师去推动实施。尤其是课程改革，涉及的是专业的教与学，这是无法通过行政指令来达成的。当课程改革落实到学校时，行政权力便让位于专业权威和道德力量，而这两者正是教师领导的基础。教师们不仅领导和运作学校的专业事务，促进学生的发展，而且，教师领导这一理念也有助于教师重新省视自己的角色和自己的专业。

二、教师领导力的内涵

教师领导和教师领导力均是由译介而来，属于两个不同范畴的概念。教师领导"就其本质而言，是教师无论职位或指派行使领导的现象；就规范的角度而言，教师领导被视为教师角色的内在维度之一，是教学专业模式、教师赋权、社会民主的内在需求；在实践中，教师领导作为教改策略往往与地方管理、教师赋权的话语联系在一起"。[①]

对于教师领导力，目前学界并没有形成通用的概念。已达成的共识是：教师领导力这一理念中的领导在本质上是非等级制的，既非以职位为主，亦非以权力为本。它"更少强调体系中的正式角色与合法权力，而是基于专业知识和晓以道义的劝告"。[②]

对教师领导力内涵的研究中，较具代表性的观点来自于英国著名学者阿尔玛·哈里斯（Alma Harris）。她在总结前人研究的基础上，认为教师领导是与传统"英雄式领导"相区别的概念，即"不论教师是否具有正式的职位或者职务，教师都能够自如地发挥其能动作用"。在这种情况下，教师既扮演管理者和教学者双重任务的正式领导角色，如课程主任、科目主任或年级主任；同时还承担着非正式领导的角色，如某一专业学科的带头人或是某一科研小组的负责人。换言之，教师领导可能具有正式职务，也可能没有正式职务；可能是长期担任，也可能只是临时性的。

领导力是对他人产生影响的过程，影响他人做他可能不会做的事情。领导力就是影响力。任何人都可以使用领导力，只要你成功地影响了他人的行为，你就是在使用领导力。领导他人基本上基于专业才能或者个人魅力，绝对不是单纯地依靠你的职位称呼。我们可以这样定义教师领导力：所谓教师领导力，指教师在特定情境中为实现学校教育目标而对学校中的人和事施加影响的能力。

教师领导力是一个开放的概念，其所包含的含义非常广泛。有学者曾经把教师领导力形象地比喻为"伞形术语"，因为这一概念涵盖了一系列多层次的活动，比如协调合作、课程设置、参与学校管理、家长及社区互动、自我引导专业发展、协助同伴的专业发展等。

---

①　曾艳，卢乃桂：《教师领导如何发生？近十年"教师领导"研究述评》，载《教育科学》，2012(1)。
②　卢乃桂，陈峥：《作为教师领导的教改策略——从组织层面探讨欧美的做法与启示》，载《教育发展研究》，2006(9A)。

三、教师领导力的核心：专业影响力

教师领导力的获得并非是来源于所处的行政领导地位或者行政领导权力。每位教师身上都具有潜在的和现实的领导力。教师领导力作为一种综合性的领导力，即它依靠教师的专业权力、知识、能力、情感等多种因素，有效地帮助学生迅速成长。可以说，教师领导力是指教师在一定的群体活动中，通过自身所具有的非权力性要素，包括教师自身的思想信念、知识、能力、情感等要素相互作用，形成的对"被领导者"（活动中的其他成员）的一种综合性影响力。

教育思想是在对教育活动本质理解的基础上形成的关于教育、学生和教师的基本信念和专业品质。具有正确的教育思想与优秀的专业品质是成功履行教师职责、开展教育工作的重要保证，是教师专业素质的核心。

教育专业知识是指从事教育工作所必备的教育专业科学素养，主要包括对学习者、教师自身、中学课程与教学和班级管理等方面所形成的科学认识，熟知中外著名教育家的教学风格和典型的教学策略。

学科专业素养指学科教师所具有的关于任教学科的专业知识以及相关领域的学科知识素养、专业思维方式和能力，以及学科专业情感。学科专业素养是胜任学科教育教学工作的基础，是学科教学能力和学科情感的体现。

教育实践能力是指教师从事教育教学活动所必需的职业技能和工作艺术。一名合格的教育者应具有四方面的教育实践能力：书写与书面表达技能、声态语言表达技能、信息技术运用技能和教育教学综合实践技能。

教育人格素养是教育者所具有的性格、气质、能力、道德品质等方面的综合素养，教育人格素养是重要的教育资源。教师的作用在于引领与感召，教师自身的人格、行为发挥着示范的作用。"学高为师，身正为范"，教师自身就是道德教育资源，他们对学生的道德影响是巨大的。

四、教师领导者的使命

"当一个行动者担当一种已确立的社会角色时，他通常发现，一种特定的前台已经为它设置好了。"[①]担当了教师角色，便会担负着社会对从事教师工作的人的要求和期待。韩愈的一句"师者，所以传道授业解惑也"成为我国千百年来对教师角色的规范要求。今天关于教师职业角色的研究成果颇丰。戈培尔和波特在其向联合国教科文组织下属的国际教育局提交的一份专题研究报告中得

---

① ［美］欧文·戈夫曼：《日常生活中的自我呈现》，第27页，黄爱华、冯钢，等译，杭州，浙江人民出版社，1989。

出结论：随着时代的进步，"教师应该是课程创造者、学科设计者和文化诠释者"。① 我国台湾学者林生传认为教师角色可分为五种：传道者、授业者、选择者、辅导者、协商统合者②。此外，对于教师角色的研究还有，"教师是教员、模范、社会的代表、课堂管理员、办事员、青年团体工作者、公众的解释者"③，教师是组织者角色、管理者角色、咨询者角色、交流者角色、职业角色、革新者角色、伦理者角色、政治角色、法律角色④等。这些研究成果体现了教师领导者的职责与使命。

（一）引领

任何行动都始于对目标的追寻，任何有效的行动来自于有效的引领。学生的成长，需要教师的引领。教师要以学生的身心发展和成长规律为出发点，采取有效的方式和手段，唤醒学生身上沉睡的潜能，发现和挖掘学生发展的潜能和性向，在关键处、转折处、联系处给学生以引领和指导。

我国《教师法》第三条"教师是履行教育教学职责的专业人员，承担教书育人，培养社会主义事业建设者和接班人、提高民族素质的使命。教师应当忠诚于人民的教育事业"。教师是履行国家赋予的教育职责的人，引领学生向着教育目的而行进是教师的基本职责。教师对学生的引领不仅在于知识学习、技能习得，更在于对学生的思想、信念和情感的引领，在于人生观、价值观、世界观的发展引领。作为引领者，教师自身应该是具有前瞻性和坚定信念的人。前瞻性是领导者区别于他人的一个品质。教师要读、要想、要讲与学校教育有关的、与所处环境有关的长远的观点，并形成为一种信念。许多学者把前瞻性和远见看作领导才能的核心成分。在一项对领导力的研究中，研究者询问了几千个人，要他们列出历史上他们最尊敬的领导人。在对人们列出的名单中的人物进行研究的时候，研究者发现，这些领导人的身上最相似的一点是：人们记住他们，是因为他们正确地预知和判断事物的发展方向，具有某种行动信念，并坚守这种信念。教师不仅应当具有坚定的信念，而且能够明确表达自己的信念，向学生勾勒发展愿景，并且对学生产生影响，使学生追随这种信念。

（二）激励

美国学者帕克斯说，"我时常注意到英国19世纪两位首相间的不同，其中

---

① ［加］戈培尔，［英］波特：《教师的角色转换》，万喜生，译，长沙，湖南教育出版社，1991。
② 吴康宁：《教育社会学》，第202页，北京，人民教育出版社，1997。
③ ［美］林格伦：《课堂教育心理学》，第658页，章志光，等译，昆明，云南人民出版社，1983。
④ ［美］麦金太尔，奥黑尔：《教师角色》，丁怡，等译，北京：中国轻工业出版社，2002。

一位首相威廉·格拉德斯通（William Gladstone），若能与格拉德斯通共进晚餐，你之后准会由衷赞叹他是你遇到过的最聪明、最机智、最有魅力的人；而当你同另一位首相本杰明·迪斯瑞利（Benjamin Disraeli）共进晚餐后，则会不由自主地以为自己是世上最聪明、最机智、最有魅力的人。威廉·格拉德斯通光彩照人，而本杰明·迪斯瑞利却善于营造一个让他人发挥作用的环境。相较之下，后者更具领导能力，因为他更善于发现他人所长，并加以充分利用。"①

领导力是一种基于群体的力量，是将个体力量扩展为群体力量的努力。教育理想的实现不是个人的努力就能达成的，而是要通过师生的群体努力才能转化为现实。并且，攀登顶峰的路程艰辛而漫长。人们会感到筋疲力尽、有挫败感，不想再往前走。他们总是想放弃。领导者要鼓舞其追随者前行。用真诚的行动让他们鼓起干劲。领导者不能命令，只能激励。"激励是一种反馈：愉快的、个性化的反馈。"②激励是领导者的基本素养、能力。

要激励学生，教师一定要了解学生，了解学生的梦想、希望、抱负、愿景和价值。教师要不断告诉学生，教育的目标是符合学生的利益，这样才能使大家努力向目标迈进。通过描绘目标愿景，点燃众人的激情。教师要用生动的语言和极具感染力的方式把激情带给大家。可以说，领导是一个对话的过程，而不是领导者一个人的独角戏。

要激励学生，教师要树立团队的意识。詹姆斯·库泽斯在对几千位领导者的个人事迹进行研究后，设计了一个简单的实验，测试某个人是否能成为一名领导。这个实验就是使用"我们"一词的频率。例如，当研究者访问艾伦·基思时，在他介绍自己的事迹时，他用"我们"的次数是"我"的三倍。事实也证明，艾伦·基思是一位成功的领导者。"卓越的领导者能让其他人行动起来。他们培养合作精神，建立信任的氛围。团队工作的感觉远不只是几份直接的报告和几个亲密的朋友。所有参加项目的人，不仅如此，在某种程度上，是所有与结果有关的人，都要参与进来。学校教育工作是一项复杂的工作，在于其受诸多因素的影响，教育对象受诸多因素的影响，教育教学目标制定、过程实施、结果显现等，都受制于很多因素。教师如对此诸多因素缺乏关注，则不能达成理

---

① ［美］帕克斯：《好领导可以教出来——来自哈佛商学院的新探索》，前言，祝吉芳，等译，北京，商务印书馆，2009。

② ［美］詹姆斯·库泽斯，巴里·波斯纳：《领导力》，第257页，李丽林，杨振东，等译，北京，电子工业出版社，2004。

想目标。"①

要激励学生，教师自己要有信心。只有当教师自己充满信心的时候，追随者才会有信心。研究发现，充满自信、强有力的演讲，与软弱无力的演讲存在很大差异。软弱无力的演讲说话犹犹豫豫，不断地说：啊、你知道、哈；或太礼貌地说：请、谢谢你之类；或者在结论中采用疑问式的语气，有大量的：我认为、我猜、有点儿之类的词语。他们说话声音很小，且更容易出错：句子不完整，前言不搭后语，话说一半就接不下去等。信心充足的话就能避免这些错误。激励人心是件严肃的事，教师要建立自信。

要激励学生，教师自己要有激情。有激情的领导能使我们的生活变得有目的、有意义。另外对未来保持乐观积极的态度能给人们带来希望。这在任何时候都非常重要。在一个充满不确定性的年代，领导人保持积极乐观的精神是让其他人保持乐观向上精神的最基本要点。有人不同意把有激情当作领导者的一项基本品质，认为激情可能导致盲目、冲动。然而，事实证明，激情是点燃激情的火把。只有教师充满激情，才能使学生燃起激情的火焰。

（三）榜样

一个人如何做事情，如何与人打交道，甚至如何表达自己的感情，都会受到自己周围的人和事的影响。在儿童形成自我的过程中，他们总是在外界的各种影响和要求下慢慢意识到自己应该做什么，不应该做什么。这些外在的影响和要求形成儿童对于他人对自己的期待的一种映象，积淀在儿童逐渐成熟的自我中。然而并不是随便什么人都可以影响儿童的自我期待。从他们接触的人群中，有一些人被自我选出来作为"重要他人"②（significant others），即对人有更重要影响的人。这些"重要他人"对儿童的影响是很大的。儿童的重要他人通常有父母、教师、同伴，而且随着年龄的增长，重要他人会从最早的主要是父母逐渐为老师，再到后来，同伴的作用更为重要一些。然而，对于任何年龄段的学生来说，教师始终是学生生活中的"重要他人"，不仅其自身就是影响学生人格的重要因素，而且他还要引导学生认识、了解其他众多的道德教育资源，从而促进学生的身心成长。因此，教师对学生的成长起着重要的影响和作用。社会学习理论强调，在社会情境中个体的行为因别人的影响而改变，这种影响通过观察和模仿而获得。最能引起人模仿的是他生活中影响最大的人，教师是对

① ［美］詹姆斯·库泽斯，巴里·波斯纳：《领导力》，第22页，李丽林，杨振东，等译，北京，电子工业出版社，2004。

② 吴康宁：《教育社会学》，第245页，北京，人民教育出版社，1997。

学生影响较大的人，是学生社会学习的一个重要对象。

相关链接 1-3

一位小学生的母亲讲述了为何不辞辛苦在女儿读三年级的时候将其转到另一所学校去读书的原因：

航读二年级的时候，有一天晚上，航的一个同学的家长气势汹汹地上门，在门口大叫："叫你家航出来，她凭什么摔我家小孩的文具?!"航吓得躲在母亲身后直抖。航的母亲再三向这位家长道歉，并让航在第二天向那位同学道歉，还买了一个新文具盒以及一些新文具赔给这位同学。事后母亲问航："你为什么要摔同学的文具盒呀?"航说："老师让我管自习课的纪律，这个同学老是不遵守纪律。"母亲说："那你也应该跟他好好讲道理，如果还是不行，就让老师来解决，而不应该摔同学的文具盒呀。"航说："我们老师就是这样做的。如果哪个同学不遵守纪律，老师就把他的作业本、文具盒扔到垃圾桶里。"①

教师无时无刻不在传递着价值，既通过他们教授的内容，也通过他们的行为。莱斯利·劳德(Leslis Land)博士在她的调查《好老师如何培育品格》里写道：我的研究发现对学生的品格产生最突出影响的显然是单个教师在孩子们面前所体现的品质以及所起的模范作用。她通过观察确认了627个"道德瞬间"，在这627个"道德瞬间"里，有602个反映了教师身上所体现的品质，如热心、有责任感、尊敬和同情心②。利科纳在分析老师对学生价值观和品格的影响力时说，学生正是从教师的行为中体验到什么是美德。美德就体现在教师对待学生的方式、对待工作的方式中，教师对待学生、对待工作的方式就是教师所发挥的最大的道德教育的力量。教师对学生在做人方面的影响是很大的，学生倾向于向老师学习怎么为人处世。学生不只是听老师是怎么对自己说的，他们更加看老师是怎么做的。一个老师，只要他站在学生面前，即使他什么话也没说，他就已经在影响学生了。通过教师的行为影响学生的行为，这大概是指导儿童活动的最生动、也是最持久的方法了。

教师对学生的这种影响力是客观存在的，教师无可选择，教师可以选择的是自己能够对学生产生什么样的影响。教师要培养学生成人，自己首先就得成人。无论古今中外，人们对教师自身的道德水准均寄予厚望和提出较高的要求。被称为万世师表的孔子的为政名言"其身正，不令而行；其身不正，虽令

---

① 来自家长口述。

② ［美］利科纳：《培养品格》，第90页，施李华，等译，北京，线装书局，中国社会科学出版社，2005。

不从"，"不能正其身，如正人何?"①成为人们用来要求教师必须自己首先成为道德高尚者然后才能为师的有力话语。西方第一个专门论述教育问题的思想家昆体良也指出，教师的道德面貌对学生的影响很大，所以，"教师应当是德才兼备的人"②。教师的良好品德和威信能防止学生的行为流于放荡，相反，教师的失检行为，对学生也是有害的。教师既不应自己有恶习，也不应容忍学生有恶习。夸美纽斯称老师是放到学生跟前的"活榜样"③，如果教师不能做好这个"活榜样"，那么他的一切工作都将是白费。被称为"俄国教师的教师"的乌申斯基认为教师的人格是教育工作的依据，"无论有什么样的规程和教学大纲，无论学校设有什么样的机构，不管有考虑得多么周密的方法，也不能代替教师在教育工作中的作用"。④ 这些观点都表明了教师不仅是道德资源的传递者，以各种方式向学生呈现教育资源、挖掘教育资源，而且教师自身就是一个具有极大教育力的教育资源。教师的人格对学生具有巨大的影响。教师对幼小心灵的人格、个性养成的影响，构成一种教育力量，这种力量既不是教科书所能代替，更不是什么道德格言和奖惩制度所能代替的。领导者的行为比语言更重要，它可以反映出领导者是否真正认真对待自己所说的话。一个言行不一的人会丧失信誉，而"信誉是领导的根本"。⑤ 如果你不信任提供信息的人，你也就不会相信该信息。

（四）变革

"领导力不仅仅是一系列个性特征、技能和才干，而且是社会交往和进行有目的的合作所必需的工具。"⑥由此可见，随着下属和领导者之间的界限渐渐模糊化，学校的权力关系无疑需要进行重新配置。这也向所有从事教学的人员打开了在各种场合成为领导者的希望之门，教师将成为变革的缔造者，而不仅仅是被动的接受者。

历史学家阿瑟·M·小施莱辛格认为：领导力的真正含义是个人能改变历

---

① 《论语·子路》。

② ［古罗马］昆体良：《昆体良教育论著选》，第 72 页，任钟印，选译，北京，人民教育出版社，1989。

③ ［捷］夸美纽斯：《大教学论》，第 168 页，傅任敢，译，北京，人民教育出版社，1984。

④ ［苏］康斯坦丁诺夫：《世界教育史纲（一）》，第 333 页，邵鹤亭，等译，北京，人民教育出版社，1955。

⑤ ［美］詹姆斯·库泽斯，巴里·波斯纳：《领导力》，第 21 页，李丽林，杨振东，等译，北京，电子工业出版社，2004。

⑥ ［英］阿尔玛·哈里斯，丹尼尔·缪伊斯：《教师领导力与学校发展》，第 8 页，许联，吴合文，等译，北京，北京师范大学出版社，2007。

史。"领导者有一种欲望：改变事情的本来面目，创造前人没有创造的奇迹。在某种意义上，领导者生活在未来。对未来清晰的想象推动着他们前进。"[①]

教师领导力不是仅指领导的能力或作为领导才有的能力，而是教师方向感和价值感的体现，它是一种改变自己和学生，促使师生共同成长的能力。教师领导力是一种影响力，其本质是一种改变的能力。成功的学校变革需要全体教师一起共同构建，重视教师之间的相互学习和相互协作，从而探索和创造出共同的信念。因此，学校领导者要赋予学校教师切实的权力和职责，将领导力在组织成员之间进行恰当的分配，这样的话，更有可能唤醒学校内部的变革动力。

第三节　提升教师领导力：教师教育的新使命

随着教师领导力研究的深入推进，人们越来越意识到培养教师领导力的重要性和紧迫性。在教师教育美国国家教育协会的《教师教育的倡议》（*Teacher Education Initiative*）将教师领导列为重构大学教师教育课程的原则之一[②]。在我国，教师领导力也逐渐走进教师教育领域，成为教师教育课程中的新兴组成部分。

一、提升教师领导力的意义

教师领导力是教师专业素质的重要组成部分。传统意义上，我们将领导力视为特殊人员的能力，他们作出关键的决策和鼓舞员工的士气。教师领导力的提出是对传统领导力观念的一个冲击：领导力不是某个角色或职位所特有的能力，而是组织内成员所拥有的一种力量。教师领导力是教师方向感和价值感的体现，它是一种改变自己和学生，促使师生共同成长的能力。教师领导力是一种影响力，其本质是一种改变的能力。

教师领导力的提出为我们建立了这样一个信念：领导力广泛分布在组织成员之内，它关乎学校教育目标的实现。教师领导力的提升，有利于促进学校变革、教学改善、价值引领，更好地实现学校教育目标。提升教师领导力，是培养优秀的、有影响力的教师所必需的，是实现培养"未来的人民教育家"的教育

---

① ［美］詹姆斯·库泽斯，巴里·波斯纳：《领导力》，第21页，李丽林，杨振东，等译，北京，电子工业出版社，2004。

② 卢乃桂，陈峥：《作为教师领导的教改策略——从组织层面探讨欧美的做法与启示》，载《教育发展研究》，2006（9A）。

目标所需要的。

人人都可以成为领导，并非只有位居管理层的人才能积极地影响他人。

人人都应该成为领导，因为它给我们提供了大量的回馈社会、报答社会的机遇。成为领导者是实现自我价值、实现职业理想的关键。

(一)教师领导力有利于促进学校变革

教师领导力是一个极具影响力的理念，这一概念的提出，使得我们不能简单地将领导力与某个角色或职位等同起来，而是将其看作是组织内成员力量的集合。因此，它是构建学校内部变革力量和自我更新能力的一种途径。

校长以及学校其他行政管理者对学校效能和学校改进具有十分重要的作用，但是教师领导力对于学校和学生的改进则更为重要，因为他们影响学校里所发生的事情。教师可以和他人一道推进学校变革。当个体教师改变他们的行为、态度和信念并承担领导角色时，学校的变革才得以发生。一个比较好的办法是所有的教师作为领导者参与到复杂而无法预测的学校变革过程中。如果教师成为领导者，他们就没有必要等待他人做决定。教师自身将不断地参与进对变革的共享和深刻理解的过程中，也会弄清楚如何去做。如果能够和其他教师进行合作，一起促进学校的创新和改变，那么他们可能会发现某些坚定的信念是不合时宜的，并且会在实践中将其转变过来。

教师的领导力潜能是学校发展的巨大资源，如果学校领导者能够认识和使用教师领导力的能量作为学校变革的动力，学校变革就更有机会成功。

(二)教师领导力有助于教育实践的改善

陶行知先生说过：教育就是一种力。培养教师领导力，可以最大程度上优化教育实践效果，促进学生的发展。同时，对其他的老师也产生最强大的影响力。教师领导者通过他们的教学专长来影响同事改进他们的实践，以一种积极和负责任的方式来塑造他们的环境。他们在专业改进方面做出示范，努力和他人一起分享他们的做法，并和同事一起讨论改进实践的问题。教师领导者的领导力量来自于发现他们能够帮助同事改进教学的事实，从而使学校的有效教学得到整体的提升。

英国教学专业委员会(GTC)与全国教师联合会(NUT)联合开展了"全面提升学校教育质量""合作式的学习型团队""最优教学实践联盟"等研究行动。研究的重点在于考察教师领导与教师效能、教师领导与学生学业成就等多变量之间的关系。经过多年的研究发现，教师领导与教师效能之间存在着一定的相关性，对于学生学业成就同样有着积极的正向影响，而且这种影响比学生的家庭社会经济背景所造成的影响更明显。①

　　教育实践改善的最大受益者是学生。学生是学校得以存在的前提和终极目标，教师是影响学生的主要力量，教师的行为、态度、学识、作风，通过隐性和显性的课程，通过学生的观察学习无时不在影响着学生。学校的民主管理作风使学生生活在民主的氛围中，教师积极参与学校和社区管理的行为会被学生清晰地认识，教师领导力的发挥可以使学生感受到教师的职责不仅是简单地传授知识，而是更加负责任的、积极的、高水平的专业引领。当学生感受到教师的专业引领从而更加敬重教师时，他们会更努力地学习从而获得更好的发展。

　　(三)培养教师领导力促进教师专业素养提升

　　国外大量研究表明，教师领导力有助于提高教师的专业化水平。美国《准备就绪的国家：21世纪的教师》指出，强加的标准和考试不足以改变学校，因此呼吁重新振奋教师队伍，使该专业获得新的发展。教师应该成为课程、教学、学校再设计和专业发展的领袖；改进学生的真正力量在于教师，必须委以新的责任。《明天的教师》也建议，教师的领袖角色有利于人们加入和留在这一专业里，削弱教师的孤立，建立更好的教师培训与专业发展的模式。

　　教师领导力是教师专业素养的综合体现，提升教师领导力是教师专业发展的必然要求。教师专业素养包括知识、人文、能力等方面素养，而这多方面素养则相互整合与作用，形成教师领导力。故而从另一个角度看，培养教师领导力，亦即提升教师专业素养。简言之，教师领导有助于教师的专业化。

　　培养教师领导力对于教师专业素养提升的意义体现在两个方面。

　　一是促进每一位教师自主的专业发展。培养教师领导力，有利于改变教师在教育教学中被动接受的现状，使教师充分、深度参与课程设置、学校管理、教育评价，能够意识到个人专业知识的不足。另外，教师领导力的提出能够使校长和教师自己正确认识教师在学校教学工作中的角色和地位。教师被赋予各种新角色，如研究者、学者、创造者，从而激发教师不断学习的热情和动力，不断自主学习和发展，减少教师的职业倦怠现象，给予教师更多的工作表现机会、更多的自我价值实现的机会、更多的参与和行动、更快的职业发展，对学校的现状和未来产生重要的影响作用。随着教师专业水平的提高，教师的自信心和归属感也增强了，使得教师更乐意承担工作任务，并且以更积极的心态去改革教学方法，这些都能对教师的工作效率产生直接的促进作用。

---

　　① 陈纯谨，王红：《英国学校改进中的教师领导研究述评》，载《外国中小学教育》，2010(9)。

二是领袖教师、骨干教师对教师专业群体发展的引领。在我国，骨干教师是特指受到行政部门认可的，具有各种头衔的教师，如学科带头人、优秀青年教师、优秀班主任、特级教师、名师等。有时，也专门有一种荣誉称号叫"骨干教师"。在欧美国家，这样的教师被称为领袖教师。骨干教师在教师专业发展中长期扮演着重要的角色。在骨干教师的示范、号召、影响下，教师之间相互学习、共同研讨、资源共享，有助于提高教师的专业知识水平。教师之间的合作还能培养教师的开放意识、合作意识和前瞻意识，而这些都是专业化教师应当具备的专业素质。选拔与培养各级骨干教师，发挥他们示范、引领、辐射的作用，一直是教育人事部门的主要职责之一。

二、提升教师领导力的途径

(一)营造支持教师领导的文化氛围

Harris 和 Muijs 的研究系统地探究了三所学校中不同的教师领导水平。他们发现学校文化是影响学校教师领导水平的重要影响因素之一。教师领导水平高的学校中，学校文化提供了道德支持、具有分享的价值和目标，整个学校文化强调分享和信任；偶尔发生教师领导的学校中，学校文化提倡共享优秀实践、同侪共同掌权、具有共享的愿景，但并非所有管理层都给予教师领导以积极支持；在教师领导受限制的学校中，学校文化中缺乏共享愿景、缺乏合作文化。可见，提倡关爱、分享与合作的教师文化是提升教师领导力所必需的。

(二)坚持终身发展、自主发展的职业信念

教师专业发展固然需要外部的资源和环境支持，但更为重要的是教师自主发展的心向和能力。安于现状、满足现状，或者对成为卓越型教师的漫长而艰苦的努力望而却步，是导致一些教师缺乏自主发展的内在动机的原因之一。教师领导力提升是一个在从事教职过程中长期培养和积累的过程，这就需要教师具有终身发展、自主发展的信念。

教师专业发展是一个持续终身的过程。当今社会是一个知识、信息迅猛发展的社会，知识、信息的不断更新与发展要求教师必须终身学习，终身学习已成为一个为全世界人们所普遍接受的观念。联合国教科文组织在其文件《教育：财富蕴藏其中》中提出终身学习的理念，认为终身学习应该放在社会的中心位置上。教师是通过传授知识来促使他人发展的职业，终身学习对于教师这一职业来说显得尤为重要。教师要促使别人的发展，自己首先就得发展。教师只有终身学习、终身发展才能承担起育人的重任。而且，教师职业的对象是人，是有着复杂的思维、丰富的情感、多样的个性的人，这就要求教师必须不断研

究、了解教育对象，培养教师职业道德，提升自身的教育实践智慧与教育艺术，而这一过程是伴随教育生涯的全过程的。

教师的专业发展必须是持续终身的，而持续终身的教师专业发展只有依赖教师的自主发展意识和能力才可能得以进行下去。

【关键概念】

领导　领导力　教师领导力

【复习与思考】

领导力是可以学会的，当你开始走向领导之路时，就必须仔细思考以下一些难题：

• 我真的相信这种愿景和理念吗？

• 是什么给予我勇气，让我直面不确定性和逆境？

• 我将如何处理失望、失误和挫折问题？

• 我的优势和劣势是什么？

• 我需要做些什么才能提高自己，带领组织前进？

• 我与同伴及追随者之间的关系坚固到什么程度？

• 我如何让自己长期保持强劲的动力和勇气？

• 是什么激励我永不放弃？

• 在这一特殊时刻我是合适的领导人选吗？为什么？

• 对于在组织内所发生的事情以及它所处的这个世界，我了解多少？

• 要解决本组织当前所面临的复杂问题，我做了什么准备？

• 人们应该如何处理本组织的事务，对此，我的信念是什么？

• 在今后的 10 年里，我准备将本组织带领到一个什么样的地位层次？

【推荐阅读】

1.［美］詹姆斯·库泽斯，巴里·波斯纳．领导力．北京：电子工业出版社，2004

2.［美］诺思豪斯．领导学：理论与实践．南京：江苏教育出版社，2002

3.［英］阿尔玛·哈里斯，丹尼尔·缪伊斯．教师领导力与学校发展．北京：北京师范大学出版社，2007

4.［英］Harry Tomlinson．教育领导力的修炼：实现个人成长与专业发展．北京：中国轻工业出版社，2008

5.[美]迈泽，惠特克.学校领导新概念：以人为本的挑战.北京：中国宇航出版社，2002

6.[美]托马斯·J·瑟吉奥万尼，罗伯特·J·斯特兰特.道德领导抵及学校改善的核心.上海：上海教育出版社，2003

7.[英]盖勒·C·阿弗利.领导学：模式与案例.上海：上海财经大学出版社，2006

8.[美]安东纳基斯，茜安西奥罗，斯滕伯格.领导力的本质.上海：上海人民出版社，2007

【实践园地】

教师领导力系列实践(一)——我的教师领导力发展方案

阅读教师领导力相关文献，并寻找你身边的具有教师领导力的老师，采访他(她)的专业发展故事，探寻他(她)的专业发展轨迹，制定自己的教师领导力发展方案。根据本课程每章的不同专题，开展不同专题的阅读、访谈和研究，并撰写方案。你开展调查与研究的老师可以是一位老师，也可以是不同的老师。

通过阅读和访谈，我对教师领导力的理解

我的教师领导力发展初规划

第二章　教师的教学领导力

【本章重点】

- 理解教师教学领导力的内涵，了解教师专业发展不同阶段教学领导力的特征
- 理解教师教学领导力对改善教学、促进学生和教师专业发展的重要意义
- 掌握教师教学领导力的影响因素和提升教师教学领导力的途径

案例导入："扫墓不会就写扫○儿吧"[①]

刚到中学任教，魏书生就接到两个截然不同的班。其中一个班，是由全年级组各个班级选拔出的好学生组成的；另一个班呢，也是全年级组各个班级选拔出来的，但都是不太听话、学习比较差的，还有的好打架。这个班的53名学生全是男生，没有一个女生。

魏书生去上课，说："同学们哪，咱们得学写作文啦！"

"我们不会作文！"

魏老师说："不会作文不才要学吗？"

"学也学不会！"学生挺坚持。

魏老师继续说："学也学不会，老师慢慢教。"

"慢慢教也不会！"学生的声音也不含糊。

慢慢教也不会？！魏老师似乎更坚持："老师带领大家认识社会，体验生活。"

于是，他领着大家去祭扫烈士墓，回去以后，问学生的感想如何，学生答："老师，挺受感动的。"

"把这种感觉写出来，就是好文章啦。"

"老师，不就写不出来嘛，能写出来还说什么呢？"

面对学生的真实回答，魏老师说："那这样吧，我把我写的文章慢慢地读给大家听，大家能听写下来，就算好文章，行吗？"

可就是这样了，学生还有困难："老师，我们有的字儿不会写。"

遇到这样的情况，大多数老师都发火了："这个笨劲儿，听写还不行？那

---

① 根据魏书生2008年在南京师范大学的报告录像整理而成。

个班怎么都会？你们怎么都不会呢？"可是，不能发火啊，这些学生就是这样才进的这个班级呢，所以，魏老师只好再跟学生们商量："同学们，哪个字儿不会用汉语拼音来代替，还不行吗？"

"我们不会汉语拼音！"

魏老师说："对不起，同学们，老师忽视了这点。那怎么办呢？这样吧，哪个字不会咱就画圈儿，行吗？扫墓不会就写'扫〇儿'吧。"

对好多学生来说，这次是他们终于写完了有生以来的第一篇文章。然后，魏书生再教会同学们查字典，教会学生把圈儿变成汉字，于是，一点点儿地学起来。学生觉得老师既不为难自己，又不放纵自己，跟老师关系就和谐了。

【点评】

教学是一门领导艺术，作为教师(领导者)需要对学生(被领导者)的身心发展规律进行探索与研究，摸清状况，才能有效选择教学方法，进行教学设计，引导学生学习。在教学过程中，魏老师不轻视学生，始终与学生平等对话，充分体现民主与博爱精神。学生从魏老师那里得到了被理解和被尊重的感觉，增强了师生和谐的关系。

第一节　教学领导力概述

越来越多的研究与实践表明，强化教师领导意识，提升教师领导力对促进教师教育观念转变，摆脱职业倦怠，提高教师责任意识、教学主导意识，提高教师主观能动性意义显著。教师领导力内涵十分丰富，但教师的本分是"能够熟练地掌握、正确地传授、有效地帮助学生学会确定性的、符合课程标准和教材范围规定的学科知识"[①]。因此，善教是教师的基本规定性。这一规定性决定了教学领导力是教师最基本的、最具代表性、也是最重要的领导力。倡导和提升教学领导力，不存在与校长"分权"之虞，无须改变成熟的学校组织结构，学校各层容易形成共识，达成默契。

一、教学过程与领导力

教学是目标明确，内容丰富，构造复杂，变化不断，由教师依据教学目标，针对学习主体，组织教学内容，选择教学方式方法，运用教学资源，利用

---

① 杨启亮：《教师学科专业发展的几个层次》，载《教育发展研究》，2009(Z2)。

现实条件，创设教学活动开展的情境，从而影响和引导学生学习的一种人际交往活动，是增长学生知识、经验、技能，促成学生身心发展的过程。教学过程本质上是人际交往过程，是教师依靠自己的职权、学知、个性品德影响学生的过程。从领导学角度看，教学过程就是领导过程。教师和学生构成教学共同体，与教学目标、课堂构成了领导四要素。教师是领导者，负责制定教学目标，激励学生，构建共同的价值观；学生是追随者（被领导者），通过互动、反馈，积极主动地参与教师领导的教学活动；教学目标是教学共同体追求的目标，是学生在知识与技能、过程与方法、情感、态度与价值观方面应达到的基本要求，课堂是教学活动的场所，具有特定的情境。教师教学领导力水平的高低对教学活动质量与效率有决定性的影响。在教学共同体中，教师通过对学生个体和群体的领导，逐渐使学生个体对教学共同体的教学价值观从离散到统一，从服从、认同到信奉，使教学共同体的认识和行动趋于一致，减少摩擦和内耗，从而最大限度地提高学生学业水平，提升教学质量和效率。

二、教学领导力的内涵

既然教学过程是一个领导过程，那么作为领导者的教师有义务和责任充分行使职位权（奖赏权、惩罚权、课程权、评价权）和人格权（专家权、典范权），合理运用教学策略，创造性地设计教学活动内容和方式，激励组织中的每位成员（学生），使每位成员保持高度自信和高昂的激情，高质量、高效率地执行任务，达到组织预设的教学目标。

教学领导力是教师在教学过程中呈现出来的领导力，是教师通过对学生个体和群体领导，对教学活动施加影响，以使教学活动有效运转进而取得预期目标的一种力量。它包括一般领导力具有的"五力"，[①] 即前瞻力（准确把握学生最近发展区的能力，设计和制定学生个体或群体目标能力）、感召力（高尚的人格魅力，吸引和感染学生能力）、影响力（传达想法、获得认同并激励学生实现想法的能力）、决断力（正确而果断地进行教学决策的能力）和控制力（控制教学目标实现过程的能力）。作为教学领导力，特别需要具有教学设计与创新、开发和利用教学资源、创设良好教学情境的能力。

教师在教学中的领导力主要体现在教师以自己独特方式充分发挥教学智慧，管理课堂，在与学生互动过程中，倡导民主、平等、公正和博爱精神，善待和尊重每位学生，用激情、智慧和爱心，感染、启迪和激励学生，引导和促

---

① 苗建明，霍国庆：《领导力五力模型研究》，载《领导科学》，2006(9)。

进学生探究学习，发现知识，崇尚科学，愉悦身心，成长智慧。善待和尊重每位学生不仅是美德，也是领导力发挥作用的必要条件。善待就是了解学生，用心关爱，尊重就是理解学生，认同学生的多样性，助建学生自信，与学生平等对话，真诚沟通。

人格权的核心是人格魅力。它是教师个人成熟的并能够感染和教育学生的尊严、价值和道德品质力量，是教师在领导教学活动的过程中表现出来的思想、道德、行为、举止、气度、风度、知识、能力等稳定而持久的心理状态。乌申斯基曾说过，"教育力量只能从人格的活的源泉中产生出来，任何规章制度，都不能代替教师的人格作用"。教师的人格魅力是教师在长期的理论修养和教学实践过程中逐步形成的。高尚的人格魅力是教师凝聚人心，有效领导教学共同体，完成教学任务的重要因素。

除了人格魅力，教学智慧和教学策略都与教师教学领导力密切相关。教学智慧是教师在复杂的教学活动中临场处理突发事件时所表现出的临危不乱、得心应手、游刃有余、从容应对、章法得当、决策果断的能力，属于控制力和决断力范畴。它主要是教师在长期实践中所积累形成的。教学策略是在教学活动开始前针对活动目标、内容和学生个体情况，根据教学条件，预设的教学活动程式，包括情境设计、形式设计、任务设计、流程设计、效果设计等，属于前瞻力范畴。

教学领导力的外在表现是：学生为教师的人格魅力、渊博知识、高超教育技能所折服；学生在理智上认同教师、在情感上亲近教师，愿意跟随他（她）学习，[①] 并在跟随教师过程中不断成长与提高。

第二节 教学领导力的特征分析

教师的教学领导力由职位权和人格权组成。教师的职位权在我国《教师法》中已明确规定："教师是履行教育教学职责的专业人员"，有"进行教育教学活动，开展教育教学改革和实验"的权利。教师依法享有"教育教学、学术活动、管理学生、获得劳动报酬、民主管理、进修培训"等职权。职位权由法律赋予每一位正式教师，是教师对教学共同体行使领导的法理性依据。此外，教育教学活动的特点，也要求教师应该能够担当领导职责。教师的教育教学活动是一项极具创造性的活动。教师必须能够针对学生不断变化着的具体情况自主地组

---

① 李冲锋：《教师教学领导力的开发》，载《当代教育科学》，2009(24)。

织教育教学的内容，选择教育教学方法，以及开展教育教学改革和实验，创造新的教学组织形式和方法。这是教师对教学共同体行使领导的学理性依据。但实践证明，人格权是教师领导行为成功与否的关键。正如杜威指出的那样"教师作为一个领导者，依靠的不是其职位，而是其广博、深刻的知识和成熟的经验"。发展教师教学领导力主要指非职责权（注：本章节中，若没指明，教学领导力均限指人格权）。它是教师专业发展的核心成分，是衡量教师专业水平的主要标准。作为教师专业发展的重要内涵，教师教学领导力发展总体上与教师专业的成长周期同步。教师专业成长周期没有严格界线，学界划分也不一样。但大体可分为三个阶段：从教0～3年，新手阶段；从教3～5年，可进入熟手阶段；从教15年以后，可成长为专家型教师。三阶段的教师教学领导力特征如下。

一、新手教师

第一，感召力特征。新手教师学科专业基础好，热衷于教学，精力充沛；他们主要基于教学"技术"理论开展教学。但由于实践经验不足，难免"出师不利"，专业自信容易受挫，职业情感稳定性不强。[1]

第二，前瞻力特征。新手教师重视课前的备课，但对教学效果的预见性较差。但因对教学中出现的问题估计不足，容易遭遇"现实的冲击"，陷入迷茫，甚至否定自己。[2]

第三，影响力特征。新手教师年龄和学生相仿，易和学生相处，却又很少了解学生认识风格。他们年轻气盛，历练不够，控制和调节自己情绪能力不强，容易引发学生心理逆反。

第四，决断力特征。新手教师上课容易背教案，常常将完成内容讲授作为教学目标，教学临床经验不足，应对生成的教学事件策略不多，教学决策较为机械、简单。

第五，控制力特征。新手教师关注对课堂的控制，[3] 但缺乏吸引学生注意的方法。课堂提问往往缺乏迁移性、组合性、创造性，形式大于功能。他们的耐心不够，学生思考时间稍长，便急于提示，甚至替代学生回答。[4] 教学进程

① ［美］Ralph Fassler，Judith C. Christensen：《教师职业生涯周期：教师专业发展指导》，第61～65页，董丽敏，高耀明，等译，北京，中国轻工业出版社，2005。
② 王红艳，陈向明：《新教师的定位问题：自我、学科与学生》，载《当代教育科学》，2008(9)。
③ ［美］Ralph Fassler，Judith C. Christensen：《教师职业生涯周期：教师专业发展指导》，第21页，董丽敏，高耀明，等译，北京，中国轻工业出版社，2005。
④ 宋广文，都荣胜：《专家型教师的研究及其对教师成长的启示》，载《当代教育科学》，2003(1)。

有明显的"拉扯"动作。

二、熟手教师的教学领导力特征

第一，感召力特征。熟手教师有基本的教学工作阅历，对教师职业特点与性质理解深刻，教育观初步成型，教学效能感较强。[1] 他们遇事冷静、沉稳，对学生的管理更为民主。但相关调查表明许多教师的专业发展往往停滞在成熟型教师阶段，难以跨越。[2] 这是教师专业发展过程中的高原反应，应予足够的重视。

第二，前瞻力特征。熟手教师教学策略水平较高，对教学的理解更深入，重视课前准备，能结合学生学习情况合理制定教学目标、方法，设计教学内容。

第三，影响力特征。熟手教师对学生更理解、宽容、随和，对教学内容有深刻的分析和整体把握，细节处理精当，个性化教学风格成型，因而容易赢得学生诚服。

第四，决断力特征。熟手教师能熟练处理课堂中的问题，但教学创新水平不高。他们熟悉教学流程，对教学中的突发事件，能采取合理的应对措施。

第五，控制力特征。熟手教师掌握了课堂教学的基本技术，初步形成了自己的日常教学模式，可以有效地处理日常教学情境中的各种问题，[3] 有一定的教学智慧，对课堂教学的调节和控制水平较高。

三、专家型教师的教学领导力特征

第一，感召力特征。专家型教师自我监控能力高，情绪自控能力强。他们热爱教师职业，热情平等对待学生，工作高度负责，不断追求教学深层次的价值所在。[4]

第二，前瞻力特征。专家型教师有丰富的教学临床经验，对教学结果有直觉把握，能根据学生特点将教学目标分解为子目标，并知道采取何种教学策略达成这些目标。

第三，影响力特征。专家型教师与学生的沟通中充分展示出真诚、热情、耐心、平等和博爱精神。其渊博的人文素养、精湛的教学艺术、独特的教学风格、精深的专业知识，使之在教学时，能旁征博引，深入浅出，循循善诱，幽默风趣，引领学生。

① "全国中小学教师专业发展状况调查"项目组：《中国中小学教师专业发展状况调查与政策分析报告》，载《教育研究》，2011(3)。
② 连榕：《新手—熟手—专家型教师心理特征的比较》，载《心理学报》，2004(1)。
③ 李臣之、刘树生：《试论不同成长阶段教师的培育策略》，载《当代教师教育》，2010(6)。
④ 连榕：《新手—熟手—专家型教师心理特征的比较》，载《心理学报》，2004(1)。

第四，决断力特征。专家型教师具有高度的组织化的学科知识、学科教学知识和教学决策知识，对教学事件的发生具有预见、评估、防范和化解意识与能力。

第五，控制力特征。专家型教师有较高的教学智慧，能巧妙地处理教学中的各种问题，教学过程流畅、自然。他们能依据学生认知水平，调节教学节奏，使教学活动顺利展开。

第三节　提升教学领导力

教师教学领导力的提升是一个系统的概念，需要在遵循教师成长规律基础上，结合"教与学"过程的特点，围绕领导力的五种人格权，充分激活和发展教学领导力的各个方面，才能实现。

一、提升教学领导力的意义

"教师领导"是西方国家为了促进教师教育观念转变，改变教师的职业倦怠，改进教学实践而提出的一种理念。作为教学活动的领导者，教师教学领导力发挥如何将直接决定教学活动开展的成效。教学领导力低下的教师是无法高质量完成教学任务，无法成为专家型教师，更不可能成为教育家。因此，提升教师教学领导力具有现实意义。

教师教学领导力包括了教育信仰、职业情感、师生关系、教学管理、教学设计和执行能力、教学策略、教学智慧、学科知识与技能，教学反思。教学领导力是教师专业发展的核心内容。可以说，教学领导力是教师最具特色、最有代表、也是最重要的领导力，贯穿于整个教学过程中。通过教学领导力的提升，教师可以提高专业情感、专业自信、专业能力，摆脱职业倦怠、激情耗竭，增强创新意识、学习意识，从而促进教师专业发展。

教学领导力提升，也有利于更好地促进学生发展。伴随着教学领导力提升，教师在学生中的感召力和影响力得到提高，学生更易亲近教师。教师的领导艺术更加娴熟，心态更加平和、稳定，教学策略更加灵活，教学智慧更加丰富，对学生学习规律、学习心理和学习现状把握得更准确，对学生个体学业指导更有针对性和有效性。詹姆斯·库泽斯和巴里·波斯纳在《领导力的真理》中指出，作为30岁以下人群的榜样领导者，教师或教练排在第二位。这说明教师在教学过程中的所展示出来的领导力将对学生未来的领导力产生深远影响。

教学领导力的提升有利于促进学校教学改革。20世纪八十年代初开始，美国兴起了教育重整运动的改革浪潮，随着教育改革的逐步推进，越来越多的迹象表明，学校如果单凭校长个人的领导，已经不足以应对学校外界环境的种种变化和改革。许多学者纷纷呼吁在学校组织内部进行领导结构的重整，让教师参与学校领导。教师领导力的研究和学校教育教学改革实践证明，课堂是学校教育教学工作的主战场，课堂教学的改革是学校不断适应社会、经济发展的需要。作为课堂教学主导者的教师，其教学领导力发展水平，决定了学校教育教学改革的执行的广度和深度，影响着课堂教学的生气与活力。

二、影响教学领导力提升的因素

（一）教师成长周期的制约

教师专业发展研究表明，教师成长是有规律的，从总体看，教师成长需经过新手教师、熟手教师，然后才可能发展为专家型教师。各阶段的教学领导力都有其自身特点，总体是随着教师的成长而不断提升的。娴熟的领导才能需要岁月的打磨，时间的历练。外在的环境、条件和教师自身的潜质和努力可以改变教学领导力提升速度，但无法跨越教师领导力发展的基本阶段，改变其发展规律。

（二）外在环境的制约

相关调查表明，当前教师中较为普遍地存在着感到压力大、焦虑水平高、倍感疲倦、无助感等心理问题。[①] 首先，因家长、学校对高考升学的过度关注，有些学校以学生考试成绩给教师排名、奖励，促使教师将精力花在补课、应试上。原本需要创造性的教学艺术变成了简单机械的题海战术。这一方面加重了学生课业负担，导致学生厌学；另一方面也束缚了教师们在教学艺术方面的探索与创新。其次，种类繁多的各种考评牵扯着教师精力。有些学校学期末让学生给教师打分。据了解，有些教师比较反感，认为这会让师生产生猜忌、感情变淡，关系疏远。詹姆斯·库泽斯和巴里·波斯纳强调："领导力是关于领导者和他们的追随者之间的关系。"[②]师生感情变淡，关系疏远无疑阻碍了教师教学领导和教学领导力的发展。此外，受社会的浮躁心态影响，部分教师热衷有偿家教，教学上得过且过，不关注自身教学领导力的发展。

（三）教师自身领导特质的制约

教师个人领导特质对教师教学领导力提升有重大影响。虽然人们对领导特质内涵认识并不统一，但有四点是共识，即诚实正直、眼光长远、充满激情、

---

① 连榕：《新手—熟手—专家型教师心理特征的比较》，载《心理学报》，2004(1)。

② ［美］詹姆斯·库泽斯，巴里·波斯纳：《领导力的真理》，第59页，钟淑珍，等译，北京，电子工业出版社，2011。

能力高强。这里，"诚实正直"是学生对教师信任和信赖，跟随教师前行的基础，正如孔子曰，"信则人任焉"；"眼光长远"是教师对教学结果有清晰的想象和准确的预见。这不仅需要教师掌握儿童发展理论，还需要教师具备想象和预测未来的必要知识与技能，准确把握学生最近发展区。最近发展区理论是维果斯基提出的，该理论认为学生的发展有两种水平，一种是学生的现有水平，指独立活动时所能达到的解决问题的水平；另一种是学生通过参加教学活动可能达到的发展水平，也就是通过教学活动所获得的潜力。两者之间的差异就是最近发展区。教学应着眼于学生的最近发展区，为学生提供带有一定难度的内容，调动学生的积极性，发挥其潜能，促其超越其最近发展区而达到新的发展水平，然后在此基础上进行下一个发展区的发展。"充满激情"是教师将教学工作当成自己生命的组成部分，热情洋溢，活力十足，乐观积极。教师的激情能唤起学生的学习热情和对未来的美好憧憬；"能力高强"是教师对教学活动有匠心独运的设计，对教学中的疑难杂症有精妙独到的解决办法，教学过程充满了教学智慧。它是教师教学创新能力、语言表达能力、教学组织能力的综合反映。这些特质并不是与生俱来的，它需要教师后天的静心修炼。

三、提升教学领导力的途径

根据上述分析，为提升自身的教学领导力，教师应着重在以下四个方面努力：

(一)提高个人自身素质

教师个人素质的提高是教学领导力提升的核心内容。首先，要坚定自己的职业情感。无论遇到什么困难、挫折，保留一个清晰的教师职业愿景。[①] 其次，多读书，提高自身的科学和人文素养。科学素养使教师有意识有能力运用科学知识与技术方法，创造性地解决教学问题；人文素养有助于教师形成高尚的人格。高尚的人格是领导力的核心，"怀着空虚的心灵去接近学生是危险的"。[②] 再次，夯实学科基础，增强教学自信。苏霍姆林斯基说："教育素养是由什么组成的呢？这首先就是教师精通自己所教的学科。"[③]约翰·杜威也认

---

① [美] Ralph Fassler，Judith C. Christensen：《教师职业生涯周期：教师专业发展指导》，第67页，董丽敏，高耀明，等译，北京，中国轻工业出版社，2005。

② [苏]苏霍姆林斯基：《和青年校长的谈话》，第178页，赵玮，等译，北京，教育科学出版社，2009。

③ [苏]苏霍姆林斯基：《和青年校长的谈话》，第64页，赵玮，等译，北京，教育科学出版社，2009。

为，教师要成为好的教学领导者，"他应当有超量的丰富的知识。他的知识必须比教科书上的原理或任何固定的教学计划更为广博。教师必须触类旁通，才能应付意想不到的问题或偶发事件"。[①]尽管有研究认为教师的学科知识，达到某种水平后，教学效果与学生成绩就不存在统计上的相关。[②]但作者并未对水平的内涵作解释，这有待进一步研究。事实上，扎实宽厚的学科知识可以让教师面对勤学好问的学生，增强教学自信；可以准确把握重点、难点和关键点，居高临下重组学科知识；可以深入浅出讲解，游刃有余释疑。不过，除了扎实宽厚的学科基础，教师还要追踪学科前沿，关注与学科相关的学生身边发生的事件，将之有机地融入教学内容，使教学内容丰富、贴近、生动、有趣，增强学生学科情感，促进学生学科思维。此外，钻研教学方法，牢固掌握学科教学基本方法，认真观摩学习，潜心教学创意，积极践行反思，形成适合自己的教学风格。最后，教师需要丰富自己的教学智慧。教学智慧是教师面对教学中的突发事件，能瞬间形成应对方案并能自动化完成的一种能力。它对于教师提高教学领导质量，保证教学过程流畅性十分重要。教学智慧具有鲜明的实践性、缄默性特征，需要教师反复不断地学习、实践、体悟、反思、积累。

（二）建立起良好的领追型师生关系

领追型师生关系[③]，即领导者和追随者之间的关系，是教师有效领导教学共同体的基础，是提升教师教学领导力的主要内容。为此，教师应做好下面三点。第一，了解学生。领导者只有在对下属或追随者有充分深入的了解基础上，教师才能掌握教学主导权，选择合理的教学方式方法，对学生产生积极的影响。第二，民主、平等、公正。这不仅是一种教学理念、一种教师美德，也是一种令学生敞开心扉的有效方法。领导不同于管理，不能强权与强制。领导的手段是沟通，领导的结果是影响，领导的目的是实现共同愿景。第三，提高沟通技巧。有效领导需通过沟通实现。沟通是师生通过信息、思想和情感的碰撞和传播，形成共同的价值观。有效沟通不但需真心，还需技巧。俗话说，一句话可以把人说得跳起来，一句话也可以把人说得笑起来。可见，教师应学习一些人际交往经验，掌握一些沟通和说服的艺术与技巧。只有建立起良好的领追型师生关系，学生才能心悦诚服，拥戴教师，跟随教师。教学共同体才能形成。

---

① ［美］约翰·杜威：《我们怎样思维·经验与教育》，第228页，姜文闵，译，北京，人民教育出版社，1991。

② 林崇德，申继亮，辛涛：《教师素质的构成及其培养途径》，载《中国教育学刊》，1996(6)。

③ 李冲锋：《教师教学领导力的开发》，载《当代教育科学》，2009(24)。

（三）学会激励

领导者不仅要以身作则，还应激励追随者共同发展。作为教师更应如此，因为教学目的就是为了学生发展。激励是教师领导教学的重要组成部分，有效激励来源于对学生深入了解和心理状态的准确把握。激励可以增强学生自信和战胜困难的勇气，激发学生学习动机。学习动机不仅是启动学习的条件，而且动机增强本身就应是教学的目标之一。有效的激励可以增加学生对教师的信任感和亲和力。赏识是一种常见的激励，以致形成了一种赏识教育。但赏识要有度，要讲究策略。赏识是外在激励。创造条件，让学生经常获得成功的体验，则可强化学生内在的自我激励，这种激励是持久的。所以，了解和把握学生个体或群体的最近发展区的，科学分析他们的学习需求，合理确定并清楚阐述他们的近期学习目标，是有效激励的基础。

（四）修身养性，保持健康身心

教学是精细的脑力工作，需要教师修身养性，淡泊名利，全心倾注。患得患失、心浮气躁，妄自菲薄、刚愎自用都有损于教学领导力的养成。教学也是繁重的体力工作，需要教师有健康的身体，充足的体力。常言说，身心一体。身体与心理两者相互影响。一方面心理对身体有直接影响，心态好，身体才真的好。另一方面，充沛的精力和健康的身体又是心理健康的物质基础。所以，教师工作之余应进行适度身体锻炼。美国南卡罗来纳州医科大学运动医学系的主任大卫·吉泽博士说："锻炼给人带来的好处不仅是心理上的，它还能促进大脑产生一种名为内啡肽的化学物质，从而提升情绪，缓解紧张和压力状态，让你摆脱各种疾病的困扰，保持健康心情和身体状态。"[①]当情绪低落，焦虑不安袭来时，可给自己积极的心理暗示，以此保持一个健康的体魄，为教学领导力的提升奠定基础。

【关键概念】

教师教学领导力　五力模型

【复习与思考】

1. 你认为教师的教学领导力和学生的学习主体性是否有矛盾？如何理解这两者的关系？

2. 根据你参与教学活动的实际经历，你认为现实中教师的教学领导力存

---

① 臧恒佳：《锻炼可以解决的六种健康问题》，载《健身科学》，2010(11)。

在哪些方面的问题和不足？

3. 结合自己性格和现阶段的知能特征，制定提高自己未来的教学领导力的行动方案。

【推荐阅读】

1. 期刊、图书学习资源推荐

(1) 苗建明，霍国庆．领导力五力模型研究．领导科学，2006(9)

(2) 李冲锋．教师教学领导力的开发．当代教育科学，2009(24)

(3) 连榕．新手—熟手—专家型教师心理特征的比较．心理学报，2004，36(1)

(4) 严新根，靳飞．教师课堂领导力及其增强路径．教育理论与实践，2010(9)

(5) 马淑苓．论教师领导力对高效课堂教学的影响．天津市教科院学报，2009(2)

(6) 上海市徐汇区"中小学教研组长专业发展研究"项目组．提升教学领导力——一中小学教研组长的角色、培养与管理探析．上海教育科研，2006(6)

(7) [美] Ralph Fassler, Judith C. Christensen. 教师职业生涯周期：教师专业发展指导．董丽敏，高耀明，等译．北京：中国轻工业出版社，2005

(8) [美] 詹姆斯·库泽斯，巴里·波斯纳．领导力的真理．钟淑珍，等译．北京：电子工业出版社，2011

2. 音像学习资源推荐

(1) 魏书生报告录像：《语文教学》(上、下)

(2) 课堂教学实录：山东省杜郎口中学各学科教学实录

【实践园地】

　　　　教师领导力系列实践(二)——我的教学领导力发展方案

通过阅读和访谈，我对教学领导力的理解

我可能的教学领导力风格

教学领导力提升的途径

第三章　教师的课程领导力

【本章重点】

- 了解"课程领导"概念提出的学术背景与时代意义
- 理解"学校课程领导"的内涵及其对教师专业发展的意义
- 了解"教师课程领导"对学校及学生发展的价值
- 理解"教师课程领导力"的内涵及其提升策略

案例导入：Q 教师的课程领导故事[①]

X 学校开展了一次"课堂有效提问"的校本教研活动，校长确立了"分析优秀教师常规课，发现课堂提问技能技巧"的基本思路，并开发了课堂提问有效性的测量工具。拥有 17 年教龄的省骨干、区学科带头人 Q 老师，作为主讲教师讲授常规课，其他教师利用量表评价这节课，并讨论改进策略的一个循环改进过程。

第一次上课后，Q 老师说了这样一番话："就这么长时间吧，都说好（讲课好），我有点故步自封了。就感觉我应该是这样了，可能也是我工作太多年的事。以前也搞这种活动，那都是走形式、做样子的，要说我给别人引领，我感觉作用不大，因为教学都是靠自己的悟性。当时校长让我讲时，我也没想太多，就是谁讲课，谁受益呗。但是今天这次不太一样，首先校长比较重视，然后老师们也很认真地去对待，尤其是评课环节能看出来，让我挺感动的。今天上完课以后，我自己感觉效果不是很理想，因为课堂上没有问出问题来，但是后来评课环节我觉得对我影响很大，我觉得一评课，我的一些缺点就暴露出来了，实际上我通过这个课的研讨，学到了很多。"（她很高兴的样子，一脸笑容）

校长告诉研究者："我说说 Q 老师，让我挺感动的。上次听课我们也知道，就是一节常规课，课前并没有经过几轮的备课，也没有试讲的环节。有很多人有一种心理负担，你看我有这么多年教龄了，我还是骨干教师，我拿上来

---

① 摘自刘径言，吕立杰：《教师课程领导行为转变动因——Q 老师的校本教研故事》，载《当代教育科学》，2010(18)。

一节课，大家给我评，上得好可能觉得自己很有面子，上得不好，大家再评……就这种心理负担可能人人都会有，但 Q 老师不是，评课完了以后，我刚到家，就接到 Q 老师的电话，'校长我太兴奋了，我工作 17 年，很少有现在这种兴奋。我有两次极地高原期，第一次是我评完骨干教师后，再就没有啥进步进入高原期，为了走出高原期，那时我就读了教育硕士，这个学习对我帮助很大。第二次，就是现在，读完教育硕士很多年了，我觉得又到了第二个高原期。这个课题帮助我上好这堂课，我觉得很兴奋，我还有两个班没上呢，我想再上一次。'后来我就安排她在周四上，就是今天，跟上次形式一样。作为一个老教师，Q 老师是心智成熟的，也只有一个心智成熟的老师，才会淡然地看待大家给予的或好或坏的评价，才会在这种研究中没有太多负担。"

第二次上课后 Q 老师的教学感言："上次评完课后我就特别兴奋，很长时间没这么兴奋了。兴奋是大家给我提的建议，我觉得大家真的是很认真地听课。我觉得对于我这个年龄的老师成长来说特别特别的珍贵。听课老师从不同的角度、不同的学科来看这个课，给的建议能够完善这节课，让我的心里豁然开朗，所以我认真总结了一下课堂提问的技巧……课堂提问是一种教学机智，教学中的问题层出不穷，旧的问题解决了，还会出现新的问题。教师的进步需要专业引领。对我来说，校长给我们提供了互相学习的机会，又对我们进行了培训，这就是引领。对年轻老师来说，我的上课也是引领。"（笑）

这是一个骨干教师通过展示常规课引领教师教学的校本教研故事，整个教研活动按照"上课——集体反思——再次上课——再次集体反思"的程序进行。从中我们可以看到作为一种课程领导方式，这种校本教研是如何促进教师群体成长，并帮助教师领导者走出职业生涯高原期、保持教学专业生涯巅峰的。

课程领导[①]作为一个多层级的动态运行系统，不同层级的领导主体及其职能是不一样的。在我国，学校课程领导是伴随新一轮基础教育课程改革而出现的教育实践活动，在学校课程发展和变革中发挥着重要作用；但迄今为止，人们在研究和谈论"学校课程领导"时，关注更多的是校长、学科组长、学年组长以及教研员等人的课程领导力，而对普通教师的课程领导力少有关注，似乎普通教师不具备课程领导力也无须从事课程领导，这是传统领导观念在课程事务

---

① 　自 2002 年钟启泉教授在《从"课程管理"到"课程领导"》一文中将"课程领导"概念引入中国教育学界以来，教育研究者们对课程领导的内涵、层次、类型、角色、功能、任务、策略等理论问题进行了大量而深入的探讨，也取得基本共识。参见钟启泉：《从"课程管理"到"课程领导"》，载《全球教育展望》，2002(12)；王利：《课程领导研究述评》，载《教育学报》，2006(3)。

上产生的误识。本章讨论的"教师"是包括校长、学科组长、学年组长以及没有"官衔"的普通教师在内的学校教师，而非局限于有行政职务的人员。

第一节　从"课程管理"到"课程领导"

"课程领导"是在"课程管理"的基础上兴起的，二者有着天然的联系，但折射出的价值取向却大相径庭，所欲达致的课程境界亦存在天壤之别。"课程领导"概念的提出与课程研究的范式变革、领导意蕴的当代转型以及课程改革实践的时代吁求等多重背景密切相关。

一、课程研究的范式变革：从"课程开发"到"课程理解"

在课程论视域中，"课程领导"概念是在课程内涵及教师课程角色丰富化和多元化的背景下提出的。

（一）课程内涵的丰富化：从静态的"道"到动态的"跑"

"课程"一词在我国最早出现在唐宋年间的儒家著作中，但其含义与今天教育学中的意思相去甚远。宋代朱熹在《朱子全书·论学》中亦多处使用"课程"一词（如"宽着限期，紧着课程""小立课程，大作功夫"等），其含义就有学习内容的范围、时限和进程的意思。

在西方，"课程"（curriculum）一词是从拉丁语"currere"一词派生出来的，最早出现在英国教育学家斯宾塞（H. Spencer）1859 年发表的《什么知识最有价值》一文中，意指教学内容的系统组织、学习的进程（course of study）。这一含义沿袭了 currere 一词意为"跑道"（race course）的名词含义。此后一百多年来，不同课程学者按照各自不同的课程价值观来解释什么是课程，表现出课程概念的多义性特征，越来越注重 currere 一词意为"奔跑""跑的过程"等动词意涵，将理解课程的着眼点置于个体认识的独特性和经验的自我建构性上，产生相应的课程理论与实践。概括地说，课程内涵的丰富化主要体现在以下几个方面：

1. 从关注学科内容、目标、计划到强调学习过程及学习者的经验、体验

我国很多教育工具书和教育学教材将课程理解为学问、学科、教学科目等，这其实古已有之[①]；还有中外学者将课程理解为包含教育教学目标、范

[①]　例如，我国古代的"六艺"（礼、乐、射、御、书、数）和古希腊的"七艺"（算术、几何、天文、音乐、文法、修辞、辩证法），都可以在这一意涵上理解为课程。

围、序列和进程等的"教育计划"或"学习计划",主张课程是预期的学习结果或目标,要求课程事先制定一套有结构、有序列的学习目标,所有教学活动都是为达成这些目标服务的。然而,随着当代课程论学者对 currere 动词意涵的重视,这两种解释也逐渐受到质疑。主张从 currere 的动词意涵来理解课程的学者强调课程关注的不应是作为名词的"道",而应是作为动词的"跑";课程不是预先设定的结果和要求学生再现的预定事实,而是个体生活经验不断生成、改造和建构的活动,是学生在与周围环境的相互作用中实际获得的经验和体验。

2. 从关注教材到强调教师、学生、教材、环境多因素整合

将课程理解为学科内容、教育计划等往往导致课程研究仅仅局限于教材,如今,很多课程研究者都强调课程不仅仅是现成的教材,课程作为学校教育系统的重要组成部分,作为实现教育目标的主要手段和媒介,其内涵是指在学校环境中,使学生获得促进身心发展的教育经验体系,是一个动态的生态系统,对教师、学生、教材或环境的某一个方面关注过多或过少,都会打破班级或其他教育情景的生态平衡。[①]

3. 从关注显性课程到强调显性课程与隐性课程并重

显性课程(manifest curriculum)是学校教育中体现国家教育目的,有计划、有组织地加以实施的课程[②],一般以课程方案、课程标准、教材等形式明确陈述。隐性课程(hidden curriculum)则是指形成学生的非正式学习的各种要素,如师生关系、能力分组、课堂规则与程序、学生的性别差异以及课堂奖励方式等,这些要素在正式课程手册中没有规定,但这部分经验却又经常而有效地对学生发生着影响[③]。自从美国著名教育学家杰克逊(P. W. Jackson)在 1968 年出版的《班级生活》一书中提出"隐性课程"这一概念后,课程研究者越来越强调隐性课程在学生的学校生活经验中的重要性,对学生认知、情感、态度、动机、价值观等众多心理品质的发展具有很大的影响。

4. 从关注"实际课程"到强调"实际课程"与"虚无课程"并重

"虚无课程"(null curriculum)(又译为"零度课程")是艾斯纳(E. W. Eisner)提出的一个概念,指那些被学校和社会在课程变革过程中有意、无意排除于学校课程体系之外的课程,意在启发人们思考为什么学校和社会在课程变革中选择现有的课程并将之制度化而排除了其他课程;呼吁人们不仅关注和思考现行

---

① 靳玉乐:《现代课程论》,第 65 页,重庆,西南师范大学出版社,1995。
② 张华:《课程与教学论》,第 310 页,上海,上海教育出版社,2001。
③ 江山野:《简明国际教育百科全书·课程》,第 92 页,北京,教育科学出版社,1991。

"实际课程"的合理性，还应思考学校教育中的"虚无课程"及其成因，以增强课程改革的目的性和合理性，从而开启了课程研究的一个独特视角。

众说纷纭的课程定义"从不同角度或多或少都涉及课程的某些本质，但也都存在明显的缺陷"[①]。事实上，"课程从规划、设计到实施，从课程决策者、编撰者到教师和学生，经历了好几种转化"，不同课程定义关注的焦点并不是同一层次上的课程；因此，"我们在探讨课程时应注意到，既然课程存在于不同层次，如若我们只注意某一层次而完全忽略了其他，则不但见不到课程的全貌，更有扭曲课程的危险"[②]。

相关链接 3-1：古德莱德的"五种课程"思想[③]

美国学者古德莱德(J. I. Goodlad)提出，在课程领域，实际上存在处于不同层次、具有不同意义的"五种课程"，这一思想深刻启迪我们全面地理解实践中的课程内涵。

第一，理想课程(ideological curriculum)：指由一些研究机构、学术团体和课程专家提出的应该开设的课程，这种课程常常以设想、建议、规划或计划的形式表现出来，其影响取决于是否被官方采纳。

第二，正式课程(formal curriculum)：指由教育行政部门规定的课程计划、课程标准和教材等，即被许多人所理解的学校课程表中的课程。

第三，领悟课程(perceived curriculum)：指任课教师所领会的课程，由于教师对正式课程会有多种理解和解释的方式，每位教师对正式课程的领会有一定的差异，也会对正式课程作用的发挥产生削弱或增强的影响。[④]

第四，运作课程(operational curriculum)：由于课堂上学生对课程的反应情况错综复杂，需要不断做出调整，因此，教师所领悟的课程与实际实施的课程也会存在一定的差异。

第五，经验课程(experiential curriculum)：指学生实际体验的东西，每位学生从同一课程中获得的体验和学习经验往往也不尽相同，对课程的实际理解也可能存在差异。

古德莱德以动态的课程思想，凸显了教师"领悟课程""运作课程"以及学生"体验课程"在整个课程体系中的重要作用。

---

① 施良方：《课程理论——课程的基础、原理与问题》，第 7 页，北京，教育科学出版社，1996。
② 黄政杰：《课程评鉴》，第 22～23 页，台北，台湾师大出版社，1993。
③ 施良方：《课程理论——课程的基础、原理与问题》，第 9～10 页，北京，教育科学出版社，1996。
④ 更准确地说，教师的领悟课程是教师对正式课程的理解和在以往运作课程的反思基础上的课程重构，是教师在正式课程进入运作课程之前所领会、感悟的课程。

（二）教师课程角色的多元化：从"课程实施者"到"课程创造者"

自 20 世纪初课程成为一个独立的研究领域以来，人们对教师与课程的关系（即教师的课程角色）的认识也不断发展。以"泰勒原理"为代表的传统课程开发将课程看作"产品"，教师和学生成为课程产品的"消费者"，课程开发是价值中立的过程，国家课程发展为贯彻国家意图，往往倾向于发展"防教师的课程"（teacher-proof curriculum），通过组织完备的规划、大纲、教科书、教学参考等对教师的教和学生的学进行详尽的指引，降低教师对课程的诠释性和创造性参与，教师、学生被排除在课程开发之外，成为法定课程的实施者，只知道"课"的存在却少有"课程"的意识。20 世纪七十年代后，施瓦布提出实践取向的课程观、斯滕豪斯提出课程开发的"过程模式"，向"泰勒原理"发起挑战；其后迅速崛起的"概念重建主义"课程理论直接导致"泰勒原理"主导地位的崩溃，开拓出多元课程话语的繁茂空间。

我国学者吴康宁教授在进行课程的社会学分析时指出，教育行政部门预先计划和规定的内容（即从一定社会的文化里选择出来的材料）是法定课程，往往被赋予了充当实现教育目标的文化载体和师生进行教学活动基本依据的职能，但是，法定课程"能否具有统治阶层所期望的功用，有赖于教师与学生的课程实践过程"，"具体来说，它既取决于教师对课程的重构，又取决于学生对课程的适应"。无论从教师的意识形态和价值取向，还是从教师的知识水平抑或各项差异来看，教师都不可能忠实地传递法定的课程内容，而是对课程内容进行增减和加工，即进行课程重构。师定课程便是教师根据自身的条件和理解对法定的课程计划、内容进行增减与加工的活动，即教师重构后的课程。法定课程能否进入且在多大程度上进入课堂，取决于教师的课程重构，只有师定课程才是课程中实际运作的课程。[①]

课程实施（curriculum implementation）是"教师将规划的课程方案付诸实际教学行动的实践历程，亦即将'书面的课程'（the written curriculum）转化成课堂情境中具体的教学实践的过程。其实，课程实施不仅是将事前规划的课程方案付诸实施的传递行动，而且也是协商对话与教育信念转型的行动过程和实践结果。"[②]教师在课程实施过程中并非仅仅简单采纳课程方案，而是以自己的观点和认识来重新理解课程方案，并按照实际情况对课程不断调适。在学校的课

---

① 吴康宁：《教育社会学》，第 329～332 页，北京，人民教育出版社，1998。吴康宁教授提出的"师定课程"，从某种意义上可以看作古德莱德所说的"领悟课程"与"运作课程"之和。

② 钟启泉：《现代课程论》，第 498 页，上海，上海教育出版社，2003。

程实践中，"师定课程"是将国家层面的"法定课程""正式课程"转化为学生层面的"体验课程"的重要中枢。无论是国家课程、地方课程还是校本课程，只要未经教师理解、反思、诊释、计划和实施的课程都只能是一种"想象课程""书面课程"，需要依靠教师在书面课程与学生最终体验到的课程之间建立连接，这种课程连接离不开教师对课程文本的理解、意义的深度揭示，并且通过师生互动共同实现对课程文本意义的创造、建构与转化。

总之，从课程研究的历史发展看，从20世纪四五十年代的"泰勒原理"到六七十年代施瓦布(Schwab)提出的"实践课程模式"以及斯腾豪斯(Stenhouse)提出的"课程开发过程模式"，再到八十年代后派纳(Pinar)等人提出的"课程概念重建"，课程研究经历了从基于技术理性的"课程开发"逐渐走向基于价值理性的"课程理解"的范式革命，课程发展史上教师曾经长期被排除在课程事务之外的状况也由此发生根本转变。教师不再仅仅被看作法定课程的单纯实施者，而是作为课程发展的研究者、创造者和师定课程的重构者。教师的课程意识和能力将直接影响学生的知识视野和学习境界。

任何一种课程范式都具有一定的合理性，但这种合理性仅针对某个特定的历史时期；不同课程研究范式在争斗、融合、共存中走向变革。在当代，更具合理性的课程理解范式要求教师转变教育观念、觉醒课程意识、提升课程素养、发展课程领导力，适应课程角色的多元化转变。随着我国基础教育课程改革的不断深入，这些要求也越来越强烈和紧迫，对教师胜任课程领导之责的素质要求也越来越高。

二、领导意蕴的当代转型：从"科层领导"走向"分布式领导"

"课程领导"概念的提出还受到当代领导学研究成果及思维方式转型的直接影响。

(一)传统领导观："英雄领导"

科层管理式的领导制度认为组织是一个信息和智慧集于高层管理者的等级体系。这种科层领导观在课程领域的表现便是有关课程管理或领导的研究大多偏向于对课程管理者或领导者特质的研究，存在一种"英雄领导"的倾向，研究注意力往往集中于校长一人，存在将课程管理或领导成败完全归因于校长作用的倾向；课程领导便是以校长为首的学校领导做出命令并向下属下达，从而保证自己的权威及组织的正常运行，而教师群体和个体对课程事务的解决能力处于关注的盲区，更无从谈起教师的课程领导。

事实上，虽然校长是极为重要的课程领导者，但也不能承担课程领导的全部职责，而且课程事务并非校长、主任们凭借一己之力便可力挽狂澜（常常出现的情况是，校长、主任们为学校课程发展殚精竭虑，效果却未必良好）；教师是课程最直接的执行者，理所当然对课程事务拥有最直接的管理权利和处理能力，课程领导也不能忽视教师及其他学校成员在学校效能与改进方面的重要作用。于是，新型领导理论（如分布式领导理论等）被引入课程研究。

（二）当代领导观："领导英雄"

与传统的科层领导观不同，现代领导观念秉持建构主义思想，认为每个人对客观存在的世界的意义建构并不相同，即使面对同一文本，不同个体也会从自己独特的视角出发形成不同的思想；如果大家集思广益、不同思维不断地冲突和融合，组织就会迸发出更有价值的思想火花。因此，以"分布式领导"理论为代表的"转型领导观"将"领导"看作发生在组织层面而不是发生在个体或小群体层面的活动，强调领导实践的恰当单元不是占据领导层职位的少数人，而是整个组织（如学校）。

分布式课程领导便将课程领导不再看作是居于高位的少数人所行使的职能，而是看作一种学校共同体之下、在合作性工作中所发生的集体行为；重视各个层面的课程领导作用，强调动员更多有能力者的积极性和参与意识，集合更多人的才干，发挥学校成员的整体智慧和能量，充分体现了一种"领导英雄"的理念。校长、主任们自身不仅要具有较强的课程事务管理能力，还应尊重和发挥教师群体和个体在处理、解决课程事务中的领导力，教师自身也应改变被动接受校长、主任外在管理的传统，主动、自觉地参与学校课程发展，如课程蓝图的构建、课程原则的确立、课程方案的优选等，发挥出教师个体和群体的课程智慧。

三、课程改革实践的时代吁求：从"防教师"到"赋权于教师"

追溯课程领导的时代吁求，还需要了解西方国家在课程改革中的教训以及我国基础教育课程改革提出的新要求。

（一）来自西方国家改革的教训："防教师"的课改之鉴

如前所述，深受 20 世纪初在美国工业界盛行的科学管理思想影响，课程开发范式在西方课程理论和改革实践中曾长期占据主流地位，将"管理学之父"泰罗的效率取向、控制中心等原理推衍到课程领域，学生成为学校这架机器加工线上的原料，教师则是加工线上的工人，教师仅仅是将课程材料灌输给学生，被剥夺了介入课程理解的权利，只能按照预定的材料、严密的操作步骤、详细的教师指南等来实现课程设计者的意图，教师被排斥在课程之外，只能跟随课程目标亦步亦趋。"教师所做的，不过是执行他人的目的和计划，从事他人提出的活动。这种忠实取向的课程实施要求教师忠实地执行课程设计者的意图，以便达到预定的课程目标。衡量课程实施成功与否的基本标准是课程实施过程对预定的课程计划的实现程度。实现程度高，则课程实施成功，实现程度低则课程实施失败。课程陷入一种唯计划性、唯预设性，课程构想与执行分离，使得教师经过多年辛勤劳动而形成的技能都丢失了。而事实上，没有什么比失去对工作的支配更容易引起异化和失落感的了。"[1]

这种"防教师"（teacher-proof）的课程开发范式及其主导的课程改革严重抑制了教师的主体性和创造性，直接引发了教师对课程改革的消极抵制，致使学校课程改革难以达成预期目标甚至以失败告终。课程领导的提出即意在吸取这一历史教训，直面课程改革和课程实施的复杂性，凸显教师在课程发展和改革中的主体地位，体现学校教育工作的专业属性。

（二）来自我国教育改革的要求："三级课程管理"制度的建立

我国传统课程管理长期采用国家集中管理方式，即政策从最高层级逐级传达，但事实上，政策中蕴藏的思想和智慧可能更多的只是被表面接受，很难内化到教师个人思想中，每个人对于课程问题仍然会坚持自己原有的思想。沿袭这种传统的国家集权文化模式，所谓"课程领导"仍不过是坚持传统领导观念，当学校课程出现问题、需要解决时，寄希望于领导者给予解决，而教师的智慧仍然始终处于封闭和浪费状态；这也使得教师对领导者的依赖心理日渐增强，导致教师自主专业发展的惰性，疏于培养、锻炼自己对于课程问题的解决能力。

2001年教育部颁布的《基础教育课程改革纲要（试行）》第十六条明文规定了试行国家课程、地方课程和学校课程三级课程管理制度，这是我国基础教育课程政策和管理体制的重大变革，为课程领导思想和实践的出台提供了契机；特别是新课改重新调整了各个层面的课程权责范围[2]，凸显了校本课程发展的

---

① 迈克尔·阿普尔：《2000年的课程与可能性》，见瞿葆奎主编：《教育学文集·国际教育展望》，第73页，北京，人民教育出版社，1993。

② 在三级课程管理体制中，各个层次所承担的职责和任务是有所不同的。教育部的职责主要是总体规划基础教育课程，制定基础教育课程管理政策，确定国家课程门类和课时，制定国家课程标准，试行新的课程评价制度。省级教育行政部门的主要职责是依据国家课程管理政策和本地的实际情况，制订本省实施国家课程的计划，规划地方课程，经教育部批准也可单独制订本省范围内使用的课程计划和课程标准。而学校的主要职责是在执行国家和地方课程的同时，视当地社会、经济发展的具体情况，结合本校的传统优势、学生的兴趣和需要，开发或选择适合本校的课程。同时，学校有权力和责任反映在实施国家和地方课程中所遇到的问题。这种集中与分散相结合的管理体制，既体现了国家的统一要求，又有利于发挥地方的积极性和主动性；既保证了课程的基本水准，又可使地方学校办出特色。

重要性，教师被赋予一定的参与课程决策、审议和开发的权力，课程领导也因此获得新的意义，"不再是单纯的中央课程行政的责任了，还有地方课程行政和学校课程行政的责任，乃至每一个教育工作者的责任"①，表明课程的发展离不开课程利益主体的集体智慧。学校本位的课程发展受到高度重视，学校课程发展也越来越与教师的专业发展紧密结合，教师的课程领导及课程领导力也因应新的三级课程管理体制及校本课程发展而成为重要议题。在现实工作中越来越多的中小学教师正在自觉或不自觉地承担着课程领导的责任，从课程纲要的撰写到基于课程标准的教学、从校本课程的开发到实施、从学校课程发展委员会的运营到教师参与学校课程规划、从学习评价的革新到教师参与知识管理等，都无不渗透着教师的课程领导智慧。②

第二节 从"学校课程管理"到"学校课程领导"

"课程领导"(Curriculum Leadership)正是在上述课程理论与实践发展的背景下出现的重要概念，是革新和超越传统"课程管理"(Curriculum Management)的新的教育思想和实践。鉴于动词意涵的"领导"多指行为及活动；因此，课程领导是为了实现课程目标，在一定条件下对课程领域的组织和人员施加影响的过程；作为一种课程实践方式，课程领导是指引、统领课程改革、课程开发、课程实验和课程评价等活动的行为总称，其目的在于影响课程改革与开发的过程和结果，实现课程改革和课程开发的目标。③

课程领导是多层面开展课程实践活动的运作系统，包括：国家层面(例如，国家教育部制定课程纲要、方案、标准，组织教科书编写，起草配套文件等)；地方层面(如全国各省、直辖市、自治区负责贯彻教育部政策、实施新课程教师培训、推动校本课程发展、支援课程改革资源等)；学校层面(如调整现行课程方案，开发和实施校本课程等)；课堂层面(如采取档案袋评价等方法、革新传统课程评价等)。经过这种多层级的权力再分配，课程领导不再单纯是中央

---

① 钟启泉：《从"行政权威"走向"专业权威"——"课程领导"的困惑与课题》，载《教育发展研究》，2006(4A)。

② 骆玲芳，崔允漷：《学校课程规划与实施》，上海，华东师范大学出版社，2006。

③ 李定仁，段兆兵：《试论课程领导与课程发展》，载《课程·教材·教法》，2004(2)；杨明全：《试论中小学校长的课程领导》，载《河南教育》，2002(11)。

行政管理部门的责任，还是地方行政部门和学校乃至每一位教师的责任。

在学校层面，新一轮基础教育课程改革实施国家、地方和学校三级课程管理政策，给地方和学校赋权，以充分调动地方和学校在课程发展中的积极性、主动性、创造性，鼓励和提倡学校本位课程的开发，凸显课程的开放性、人文性、丰富性和适切性，促进课程的个性化、人文化和综合化的可持续发展，促使课程领导逐渐成为学校的一项重要实践活动。

一、传统的学校课程管理

我国教育体制具有强烈的、移植于工业革命时期科学管理思想的科层化特征，实质是追求效率、强调控制、崇尚权威，这种传统课程管理的"官僚—控制"范式主要表现出以下根本特征。

（一）学校组织管理的科层性

科层组织通过五种机制保证其顺利运行：一是坚持等级式管理和对底层人员的监管；二是确定和保持适当的垂直交流；三是制定明确的书面规章和程序以确定标准和指导行为；四是颁布明确的计划和日程供参与人员遵守；五是在组织等级体系中增加监管人员和行政人员。我国课程管理系统也鲜明地体现出科层组织的运行特征，例如：中央教育行政机构有着最高的课程权力地位，有权干预地方教育的课程事务，地方教育行政组织必须执行中央统一规定的课程政策和法令；在地方，省、市、县（区）、镇（乡）同样按照在权力等级中的位置，严格执行上级的课程政策，同时监督、控制和规范下级的课程行为；为了确保国家的课程意愿在学校中被有效地达成，学校也按照科层制的原则来构建自己内部的管理机构，完善内部管理职能，以加强课程实施的监控，从而使整个教育行政组织的科层特征在学校内部也获得成功复制。在学校，校长构成了领导的高层，副校长和教导主任等构成了领导的中层，教师成为被领导的底层人员。学校内部从高层到底层，通常按照等级制的原则履行监管权限，并制定相应的规章和制度以确保这种权力的达成。

（二）学校课程知识的法定性

在我国，能够对课程产生影响的机构主要包括教育部、官定的教材出版社、教材编审部门等，这塑造了"课程即官定教学内容"的形象。课程产生机制又进一步强化了这种官化倾向，表现为国家按照总的教育方针、政策和路线制定教学计划、课程标准，并组织专家根据颁布的课程标准编写全国通用教材、教科书；为了确保这种知识在学校中被忠实地灌输，各级教育行政部门还制定了严格的考试标准，对学校课程实施效果进行监督和考评。国家在课程运作的

"目标－手段－结果"流程中实施标准化控制，既能防止产生异化的目标、内容和结果，又能保证规定的目标、内容和结果在学校有效达成。这种高度集中的课程运作机制在保证实现国家课程意愿的同时，也使本应丰富、复杂、动态的课程成为枯燥、简单、静态的官方文本，使法定课程文本成为学校课程管理的核心。

(三)学校课程发展的官僚权威性

技术理性是人类在认识和改造自然过程中为控制自然而产生的工具理性，无限扩张后又被渗透进处理人与人关系的管理事务。技术理性支配下，移植于"工业模式"的学校课程管理表现出强烈的工具性，将教师视为必须受到监督、控制和指导的执行学校管理命令的"追随者"，通过行政手段颁布规章、制度和指令等来发挥官僚、科层权威的作用，强调对教师课程实践的控制以实现管理目标，却导致教师课程实践和领导主体性的丧失。

总之，"管理"强调计划、组织和控制，其职能在于保证组织的秩序，使组织减少混乱，使其更高效地运转起来；"学校课程管理"主要依靠自上而下的官僚体制来监控、监管，学校接受上级行政部门的指令之后才开始围绕学校的课程召开活动和运作，即学校行政人员依据相关规章制度对学校中的课程进行计划、组织、操控等，视课程为具有一定秩序的系统，关注控制与秩序，最高管理阶层(如政府、专家)掌握信息与智慧，根据政府的意志规范学校中的课程事务，学校只需运用各种管理手段和策略，教师则被动、忠实地执行自上而下传达的行政命令，保证学校对既定课程的实施。学校课程管理的动力来自于上司和外部，学校和教师参与课程事务的权利则被剥夺，从而导致教师课程智慧的锻炼、提高受阻。

二、转型的学校课程领导

不同于强调标准化操作，要求校长等管理者根据"规定动作"管理课程事务的传统管理及学校课程管理思想，"领导"则关注建立愿景、人员交流和激励，其职能在于规划引领、产生影响、寻求建设性的变革；"学校课程领导"视课程为自由、民主、开放的组织体系，学校、教师都是具有创造力和领导力的主体，意在消减行政命令的意味，注重具体的课程制度环境，强调在复杂的学校情境中诉诸学校和教师自身的创造力，自律、自主地驱动学校组织运行，从学校具体情境出发推动课程教学变革，致力于通过权力分享、民主参与，促进学校和教师平等地发挥各自的自主性，将日常课程实践活动加以自主、创造性地实施，以专业精神引领学校发展高品质课程，最终促进学生的发展①。

（一）学校组织领导的共同体

三级课程管理体制使课程权力逐渐扁平化，国家和地方更多地从宏观视角对学校课程进行规范性指引，为学校重新塑造自己的组织形象提供了契机，有远见的学校开始将自我身份定位为"课程领导共同体"，致力于建立一套由学校成员共享的课程理想（即课程愿景）和课程领导理念（包括共同体成员在学校课程领导方面共享的价值观、情操及信念等）。校长和教师都需进行课程领导，监管变成支持、促进与服务，横向交流与对话更加重要，不成文的规范引导成员的行为，计划与日程都是建议性的，给予成员以更大的自主权。由此，学校课程领导更多地表现为学校成员的自我领导。

（二）学校课程内容的经验性

转型的学校课程领导将教师的领悟课程、运作课程以及学生经验课程等作为学校课程的重要内容加以研究和关注，学校课程领导则既包括研究和领导法定知识层面的课程内容本身，也包括学校成员围绕法定课程而展开的一系列行为，如课程资源开发、课程重构与反思等。这种新的领导实践使课程政策、课程标准等在学校教育实践中生发出丰富、鲜活的灵动性，超越了静态的课程文本，从而建立起以课程研发、实施、评价、反思等为工作重点的学校课程领导多中心系统，校本教研成为贯穿于学校课程决策、开发、实施和评价等事务中的常态行为。

（三）学校课程发展的道德权威性

转型的学校课程领导强调以反思实践理性和道德、专业权威推动学校课程发展。反思实践理性承认学校课程领导环境的复杂性，愿意接受多方规引（如来自教育行政的自上而下的规范和来自教学实践的自下而上的影响；来自学校的规则、制度和愿景和来自家长、社区的要求等），以学校草根式文化和实践作为学校课程领导的逻辑起点，将学生的发展和学校特色的塑造置于学校课程领导的首位，实施以学校为本的课程领导，从而凸显反思型校长、教师在学校课程领导中的价值，并通过道德权威和专业权威来促进学校课程领导、推进学校课程发展。道德权威主要源于领导共同体的价值观、理想和信念所产生的道义和责任，专业权威则主要源于领导者在课程专业实践活动（涉及课程决策、开发、实施、评价、研究等）中表现出的课程专业知识、技艺等综合素养。正是因为反思实践理性和道德、专业权威不仅是学校科层管理意义上的"领导者"

---

① 钟启泉：《从"课程管理"到"课程领导"》，载《全球教育展望》，2002(12)。

（如校长、主任等）所具有的，也是普通教师所可能具有的，才使教师亦获得了参与学校课程领导的权力，学校课程领导成为教师的自我领导和同事间的相互领导，其领导力也主要来自共同体内部和教师自身。

第三节　学校课程领导与教师

学校课程管理关注管理任务的落实，学校课程领导则注重课程和师生个体品质的提升。二者所持的课程观、学习观以及对教育的根本信念不同。从"课程管理"到"课程领导"不是为了追求时髦甚至崇洋媚外的简单术语更迭，而是我国教育改革的时代要求，体现了民主、开放、沟通、合作的教育价值追求，促使人们重新认识学校课程领导的意涵以及教师与学校课程变革与发展的关系。

一、民主、合作、慎思的课程实践：学校课程领导的内涵

学校课程领导是学校教育共同体及其成员为实现学校课程发展目标而在国家、地方及学校课程的执行或设计、决策以及实施、评价等诸多课程事务中谋求共识的持续变化、充满活力的互动过程。[①] 理解"学校课程领导"需把握以下要点。

（一）学校课程领导的本质：课程实践

课程领导能够激活课程实施的复杂性，将一系列课程问题容纳在内，本质上是课程实践的一种重要方式，即运用领导理论、方法、策略与行为来完成课程范畴内的任务，以更好地领悟、实施和评价课程，以达成课程发展的根本目标：提升课程品质、促进教师专业成长、发展学生学业成就、再造学校组织文化。[②] 学校课程领导亦是一种重要的课程实践方式。

第一，学校课程领导的主体是学校教育共同体及其每一位成员。学校组织的每一位成员都具有成为课程领导者的潜能和权力，并非只有传统意义上的行政管理者（如校长、主任等）才是学校课程领导者；甚至不仅校长、主任及教师是学校课程领导者，而且学校的课程决策还应认真倾听学生、家长、社区等课程利益主体（stakeholders）的诉求。

---

① 钟启泉：《从"行政权威"走向"专业权威"——"课程领导"的困惑与课题》，载《教育发展研究》，2006(4A)。

② 郑东辉，施莉：《课程领导理念探微》，载《教师教育研究》，2006(2)。

第二，学校课程领导的机制是通过学校所有成员的共同学习、合作而建构知识和意义。学校具有共同目标和愿景，通过成员间的交谈、反思，对教学工作赋予意义，促进有助于教学工作的行动。

第三，学校课程领导的运作是学校成员基于课程权力的再分配而共同承担行动和责任。作为共同体成员，校长、教师和学生在共享基本价值和信念的同时，展开课程行动的博弈。因此，在学校课程实施过程中，课程利益主体需要借助学校课程这一平台表达自身的利益诉求，要求学校经营必须通过制度设计和安排在课程利益主体之间进行权力的合理化分配，同时借助课程协商促使课程领导围绕学习共同体的建设，各自承担相应的课程责任，建立共同体的基本伦理规范和秩序，从而保证学校课程的基本质量，提高课程的实效性，促进课程的可持续发展和学生基础学力的提高。①

(二)学校课程领导的灵魂：道德领导

学校课程领导是基于专业权威和道德权威的领导，课程领导思想的提出恰恰反映了当今时代学校教育实践对通过专业化领导而引领学校课程与教学发展的期盼，旨在摆脱自上而下的传统体制束缚，体现人性化的组织观，在这种合作性的社团组织体系中，"奇思妙想处处可见"，而且"只有当不同指挥管理层的领导能够充分发挥下属的才能，调动他们的积极性时，这些奇思妙想才能显示其威力"②。

学校课程领导的专业权威源于领导者在课程专业实践活动中表现出的课程专业知能，主要涉及课程决策、开发、实施、评价、研究等方面的技艺。课程领导要求打破指令型的管理思维模式，将其视为一种课程领导者与所属成员共同探究课程问题的互动与合作过程；课程领导并不是在控制他人，而是旨在引导自我和他人做出正确的判断和管理。

萨乔万尼(T. J. Sergiovanni)提出，道德、价值观、教育信念是教育领导的核心，当代教育领导强调以道德、价值观为核心，真正关注和促进师生的发展和进步。学校课程领导的道德权威即主要源于领导共同体的价值观、理想和信念所产生的道义和责任，是因共享专业及共同体的价值观、理念、理想而感到负有义务和责任的权威。源于专业权威的道德领导是学校课程领导的灵魂。

---

① 钟启泉，岳刚德：《学校层面的课程领导：内涵、权限、责任和困境》，载《全球教育展望》，2006(3)。
② 参见罗伯特·G·欧文斯：《教育组织行为学》，第56~99页，上海，华东师范大学出版社，2001。

课程领导的理念注重和谐环境的塑造和相互作用过程的创立，强调合作和团队精神，共同解决问题，共同承担责任。它体现的是一种民主的、合作的、互动的、和谐的、开放的、多元的、宽容的思想，致力于摆脱保守僵化的管理理念，关注真实的教育情境，回应知识转型和社会变迁的需要，整合个人、群体、组织、社区以及文化的需求，并重视教师的专业发展和学生的学业发展，朝着学校改进的共同目标前进。课程领导促使人们课程理念的改变，关注教师的专业参与和发展，促使行政组织对课程的判断、运作和管理能力的提高，从而实现提升学生学习效果的教育目标。

（三）学校课程领导的境界：文化领导

学校课程领导的境界是文化领导。课程领导的内涵并非一成不变，不同历史时期，课程领导的指向会有所不同。"课程领导可能遵循两个路径进行：对课程开发技术的领导；对课程文化的领导。"[1]课程领导面对的是活生生的人，而非一个个孤立的教育事件，这就要求课程领导从人的角度出发，关注师生的生存状态。从这种意义上说，不仅需要从课程开发技术的角度在课程目标、实施、评价等方面实行课程领导，更需要关注在学校课程文化、愿景等层面的领导和变革。课程文化有两层含义：第一，课程是文化的载体，课程体现一定社会群体的文化；第二，课程本身就是一种文化形式，具有文化特征。领导和变革课程文化即指变革课程所体现的社会群体文化，引领学校课程文化的积极走向。尽管人创造了文化，但文化一旦形成，也就反过来以隐性的方式，深刻地影响、塑造和改变人。处于社会生活中的人们，总是从既定的历史传统、文化氛围、民族心理和生活环境出发，并在这些因素的交互影响下成长和发展。课程文化对于教师和学生的价值观念、行为习惯以及思维方式都有深刻而持久的影响。

长期以来，课程文化是一种等级制的、以传递现有社会的知识与价值观，进而维护社会秩序的他控文化。这种文化影响下的课程管理采用行政命令手段来推行课程政策，学校和教师没有自主权，教师成为课程政策的执行者。上级教育行政部门掌控学校，校长控制教师，教师压制学生。新课程改革对学校和教师有适当的赋权，如何行使自己的自主权就成为学校和教师面临的一个问题。与课程管理有所区别，课程领导还具有变革课程文化的功能。在课程领导过程中，课程领导者需要利用教育行政部门的赋权积极进行课程文化改造，改变传统的他控文化，逐步形成自我负责的课程文化。

---

①　林一钢，黄显华：《课程领导内涵解析》，载《全球教育展望》，2005(6)。

二、教师课程主体地位的复归：学校课程领导对教师的意义

在我国新课改推进中，国家、地方和学校三个层面的课程领导成为课程改革的内在要求[①]，在课程设计、决策、实施、评价等环节对课程发展产生不同影响。学校课程领导致力于建立平等、民主的沟通平台，充分听取和吸纳各方课程利益相关者的不同诉求，将有助于尊重学校及学生的差异性、独特性，使学校课程能更好地结合本校实际并顾及学生群体和个体差异，对日新月异的知识、文化和日趋多元的教育需求迅速做出回应，为学生提供适切而有意义的课程。此外，对教师而言，学校课程领导的意义主要体现在以下几个方面。

(一)学校课程领导的表层意义：尊重教师的权力主体

课程是学校教育中的公共话题。基于学校立场，凡追寻学校课程愿景、关心或参与学校课程发展与变革者都是学校课程领导共同体成员；其中，"'校长、教师、学生'三种视野应当永远处于课程共同体的核心，唯有如此方能保证课程改革的道德性"[②]。因此，教师决不应被排斥于学校课程领导之外而成为"被领导者"。

首先，学校课程领导开拓教师专业自主的权力空间。学校课程领导与课程管理最本质的差别即在于：学校课程领导旨在强调"转型的领导"，旨在让学校管理者认识到教师是课程改革不可或缺的动力，超越"发号施令"的管理者角色和职权，视学校课程领导为合作、探究、发现、学习和质疑的互动过程[③]，唤醒教师对"习焉不察"之事的反省、慎思意识，让长期处于被管理、被领导地位的教师皆能被赋权增能(即都有权力和能力来参与和践行课程领导)，帮助教师寻找并拥有属于自己的课程权力，在实践中沉淀、提高自己的课程素养，增强面对社会变迁的能力，促进教师在教育现场积极发挥实践智慧、自觉实施自下而上的草根式改革，最终实现丰富学生学习经验、提升学生学习成效等课程目标。

其次，学校课程领导鼓励教师追求专业自由。专业自由不是放任自流，其内涵包含自主和责任的双重意蕴，核心是反思与对话。在学校课程领导视野

[①] 不同层次的课程领导拥有各自的人员或组织。国家层面的课程领导者是代表国家行使教育领导权的教育部及其所属的行政人员，也包括极小部分课程论专家、学科专家。地方层面的课程领导者包括代表地方行使教育领导权的教育行政部门及其所属的行政人员(如省教育厅、市教育局)，也包括部分课程论专家、学科专家。学校层面的课程领导者则包括校长、教师、学校行政人员、学生、社区人士、家长等。

[②] 张华：《道德的课程改革与民主的课程领导》，载《全球教育展望》，2006(4)。

[③] 黄显华，朱家颖：《课程领导与校本课程发展》，北京，教育科学出版社，2005。

中，课堂教学不再是机械的例行公事，而是体现教师反思性、批判性、创造性的智识工作。学校课程领导充分尊重教师的专业自主权，致力于改变技术理性、工具性统治控制教师和课堂的局面，重视教师在课程开发、计划、决策、实施、评价等方面的自主性，鼓励教师追求专业自由。专业自由来自于教师对专业解放和课程权力所赋予的基本兴趣，它使教师通过洞察课程及其背后的社会结构而自主从事对话。

总之，学校课程领导赋权于教师鲜明地体现出对教师专业权力及其主体地位的尊重，拓宽了教师专业自主合法权力的空间，是对教师发挥课程领导力的巨大支持。发挥教师的课程领导作用是变革时代民主课程领导的诉求，教师只有充分感受到尊重才能真正焕发出生命活力和专业自主性。

(二)学校课程领导的深层意义：彰显教师的发展主体

除尊重教师权益外，教师专业发展亦是学校课程领导的重要诉求。学校课程领导具有"以觉知教师的课程意识为核心""以建构合作、对话、反省、慎思的学校文化为途径""以改善学生的学习成效为目的"等特点[①]，其真正要义在于鼓励教师觉醒其课程意识，实现课程范式的转移，促进教师反省和慎思自己的课程实践，在实务经验中累积和创造自己的课程知识，通过合作、对话、反省和慎思的学校文化建设深入推进教师专业发展。

首先，学校课程领导有助于加强教师专业发展的自主意识。教师专业发展的自主意识是教师真正实现专业成长的基础和关键，在时间维度上表现为三个方面：对自己既往专业发展的意识、对自己现在专业发展状态和水平的意识以及对自己未来专业发展规划的意识。教师参与学校课程领导，在学校共同愿景引领下，参与课程计划制订、有关课程决策、校本课程开发等，必然会对自己的专业能力有所认识和反思，催生和强化专业发展的自主意识和需求。

其次，学校课程领导有益于提高教师专业发展水平。20世纪九十年代以来，教师专业发展理念从技术取向转向实践与解放取向，由关注外部条件转向强调教师个体内在专业特性的提升。教师专业发展需要经历从新手教师到专家型教师的过程，要从"跟着别人做"转变为"自己独立做"，再发展到"与人合作做"，最后实现"带着别人做"。面对整体的学校生活与连续的个人专业成长，教师需要职业生涯的总体规划与角色整合，"把教师看作一个完整的有灵性的人，他首先应该是一位课程领导者"[②]。教师专业知识、技能、自我、品德以

① 黄显华，朱家颖：《课程领导与校本课程发展》，第12页，北京，教育科学出版社，2005。
② 郑东辉：《教师课程领导的角色与任务探析》，载《课程·教材·教法》，2007(4)。

及生涯等发展都是紧密相联的。对教师个体专业发展而言，学校课程领导的主要作用机制在于提供一定的发展条件和持续发展的动力，并为教师的学习提供关键性的激励，以提升学习的品质。学校课程领导实践能够帮助教师更新课程理念、丰富课程知识、明晰课程意识、强化课程反思等，教师在日常的课程教学工作中，通过深入课堂观察同侪教师的教学、与同僚进行心灵交流、相互分享知识经验等，营造相互信任、彼此分担的文化氛围，还能够协助同侪教师解决教学问题、化解心理危机，更好地处理课程事务，提高专业水平。

总之，学校课程领导不仅意在引领各利益相关者共商学校发展规划、齐心协力实现学校课程发展愿景，而且学校课程领导的根本旨归在于尊重教师权益，彰显教师的课程主体地位，促进教师个体和群体专业发展自主意识的加强和知能水平的提高。

三、推进课程变革和学校发展：教师课程领导对学校的价值

随着课程理论与实践的变革，让地方、学校和教师分享一定的课程权力成为课程领导的时代精神。学校课程领导不再是校长、教务主任、学科组长、年级组长等行政管理人员的专利，教师同样有机会参与课程领导。教师课程领导是一种由下而上的课程改善途径，是教师作为课程领导者，通过教师之间相互对话，对学校课程事务引领和指导的过程[①]，即教师运用领导理论、方法、策略，在参与学校课程发展的过程中，所表现出来的对学校课程设计、决策、实施、评价等一系列课程事务的引领和指导。

(一)教师课程领导的工具价值：提升课程品质

理想的课程改革目标只有获得教师的认同才能在课堂中得以贯彻和实施，才能对学生产生影响；因此，课程改革要取得成功，教师不能游离于课程之外，教师是课程改革的关键人物，任何课程改革在很大程度上都最终取决于教师对课程的领悟和实施。教师作为意义和文化的创造者，作为拥有相当智慧和创意的群体，其创造力的发挥是课程发展不可缺少的动力。

教师作为课程领导者，首先出现在课堂教学中；教师课程领导旨在改善和提升课程品质。教师课程领导的职责在于从若干个方向运用个别的、团队或整个学科的方式将课程加以运作，拟订全年的教学活动及各单元的计划等，充实课程、补救教学，进行课程评鉴，最终提升课程品质。教师通过参与学校甚至学区的课程委员会工作，可以贡献他们的课程智慧、发挥课程领导力。比如：

---

① 刘径言，吕立杰：《教师课程领导的概念诠释与研究反思》，载《现代教育管理》，2010(11)。

教师可以确认哪些计划在课堂里是切实可行的、哪些则是不可行的，从而提高课程的适切性。课程领导方式的民主化、科学化与课程发展的个性化追求是一致的。很多研究结果都表明，教师在一定程度上参与课程领导工作，不仅会影响课程设计的结果，而且也会影响课程实施的进程，从而影响学生的学习结果。西方学者艾耶斯1995年研究了一个通过工作坊的形式让教师参与某一学科领域（遗传学）的课程发展的计划，并对参与的教师及其所教的学生进行了追踪调查。结果显示，教师参与课程领导与学生学习结果的提高之间存在显著的正相关。

（二）教师课程领导的本体价值：促进学生发展

教师积极践行课程领导、发挥课程领导力将有利于在教师团队中逐渐形成合作的工作关系、锻炼合作的工作能力，形成积极合作的学校文化氛围，从而促进整个学校的发展①。更为根本的价值在于教师面对学生时，通过建设任教班级的学习共同体而践行课程领导、发挥课程领导力，进而促进学生终身可持续发展。

在学习共同体中，成员共同学习、彼此沟通、分享智慧、交流情感、体验和观念，共同完成一定的学习任务，成员之间形成相互影响、相互依赖、相互促进的人际关系。作为学习共同体的主要组成部分，师生之间需要建立平等、尊重、关心、互助的和谐关系。因此，教师课程领导者需要营造平等的学习氛围，必须放下身段，平视学生，敞开胸怀，平等地与学生交流，运用道德感召来影响与感染共同体成员，与共同体成员自然共存、发展于学校生活中。

总之，课程领导并不是意在控制他人，而是旨在引导自我和他人做出正确的判断。所以，任何层面的课程领导者都应不断自我反省、与他人合作，不断以多元视角和革新方式理解、思考和研究课程，不断提高课程觉悟与修养，建立并追随课程愿景、实现课程领导目标。教师是课程改革、课程发展和课程实施的主体，也是学校课程的重要领导力量，而不仅是学校课程的实施者、执行者。教师的特殊身份和优势决定了教师课程领导的独特价值。作为国家课程的

---

① 贝克和墨菲（Beek & Murphv）在研究实行校本管理的学校中发现，所有成功的学校都具有下四个特征：对学生的学习一贯重视、拥有强有力的课程领导、重视培养学校内部和外部的社群感、拥有资源以增强人们的学习和教学能力；其中，最关键的在于学校必须成为一个专业学习社区，不断学习是学校领导的优先事项，学校专业学习社区的建设为学校改进提供了重要的基础结构。正是在这一意义上，课程领导超越了工具目的的学校改进和学校改革，是学校组织发生根本转型的动力，并从根本上促进学校教育质量的提高。见徐君：《教师参与：课程领导的应有之举》，载《课程·教材·教法》，2004(12)。

领悟者与实施者，校本课程的开发编制者与实施者，教师参与课程领导对课程、学生、教师以及学校的发展都起到重要作用。教师在学校全部课程（包括国家课程、地方课程和校本课程）的改革与发展中，认真锻炼、提高自己解决课程问题的能力并发挥自身的感召力、示范力、推动力等积极影响力，引导他人做出正确判断和自我管理，共同承担追寻学校课程愿景、提高学校课程质量、引领学校课程发展、缔造优质学校文化等责任，最终实现学生、教师和学校共同发展，既是教师的权力也是教师的义务。

当然，在当下我国中小学教育实践中，包括校长在内的教师课程领导力还存在理想与现实的差距（例如存在国家课程执行力不够、课程资源开发整合力不足、课程评价创新力不强等影响学生健康成长的现象）；为此，每一位教师更应深入思考、积极践行课程领导，自觉锻炼和提高自己的课程领导力，努力追寻"为了每一位学生终身可持续发展"的教育理想。

第四节　提升课程领导力

领导力是领导者为实现共同理想或目标而影响和改变群体的心理状态和行为的能力。教师的课程领导力即教师及其参与其中的课程团队为提升学校课程品质，在课程实践过程中所体现出来的规划、执行、开发、实施、评价、管理等诸能力的总和。虽然"教师的课程领导力"是一个新近出现的学术概念，但并不神秘。可以认为，中国农耕时代的私塾教师便具有很强的课程领导力，他们自定教课程目标、内容、实施进度、评价方式等，并根据学生个体差异因材施教，只不过这种原生态的课程领导力随着现代教育体制和课程管理的标准化、统一化而逐渐衰微。有研究者在分析校长的课程领导困境时指出：校长由于行政事务缠身，能用于学校课程发展、参加专业研讨的时间非常有限，很难成为变革型的课程领导者[①]。确实，专心耕耘在教学一线的教师更有时间、精力和资本践行课程领导。

一、教师课程领导力构成："价值力·实践力·文化力"

课程发展包括课程规划、设计、实施、评价等诸多范畴。课程领导是课程改革和发展的"火车头"，直接影响课程改革和发展的成效；因此，认识教师的

---

① 余进利：《校长课程领导：角色、困境与展望》，载《课程·教材·教法》，2004(6)。

课程领导力，必须深入了解教师可以从哪些方面实行课程领导，才真正谈得上落实和推进课程改革与发展。

（一）教师课程领导力的灵魂：课程价值领导力

教育在本质上始终具有强烈的价值追求，教师在课程实践中发挥领导力首先即体现在深刻理解、准确把握正确、先进并富有时代精神的课程理念、目标、价值观等，激励和引领自我及同侪教师树立正确的课程价值信念、形成基本的课程价值认同、修正偏误的课程价值观念，并批判性地审视现实的教育环境和条件，创造性地开展具体的课程实践，从而有效实现学校课程价值目标。教师的课程价值领导力包括课程价值的引领力、整合力、实践力的等，具体表现在价值识别与辩护、引导与提升、整合与转化等几个方面。

首先，价值识别与辩护力。由于众所周知的学校教育现实环境以及多元价值的时代特质，教师在学校课程实践中首先即面临价值识别。具有课程领导力的教师能够敏锐地识别出隐含在学校课程方案、计划、制度以及教师课程观念与行为中的、起支配作用的价值观念及其来源或成因等，巧妙地捕捉到学校课程实践中"言说的理论（理念）"与"应用的理论（理念）"之间的断裂，不盲从于宏大的课程改革宣传和课程理念灌输，对"穿新鞋走老路""换汤不换药"式的"改革"秉持"头脑的清明"，并具有为正确价值观进行辩护的勇气和才智。

相关链接 3-2

例如，我们组织教师在对某一不当的教学行为进行分析的时候，有教师提出"邓小平说，不论白猫黑猫，抓到老鼠就是好猫——如果教师某一教学行为能导致学生学得好考得好，就应该肯定"。面对这种以伟人名言为支点的观念，校长如何应对？我讲了4点：（1）小平的"白猫黑猫论"是有特定的话语情境的（主要讲经济建设的），它立论的正确性也是有条件的——抓到老鼠的同时打碎了家传宝瓶的猫，主人还夸它是好猫吗？纵观小平思想，他不是唯经济指标论者，他一再强调精神文明建设的重要性，他也提倡科学发展。（2）小平在经济学方面的名言不能简单套用到教学上，两个领域各有其特殊性。（3）对教学方式的评价不能唯效果论，更不能唯考试结果论，在追求好结果的同时必须遵循过程和方式的合理性原则和正当性原则。（4）教学结果的好坏不能只从知识掌握的维度（甚至窄化为"会考"的维度）来评价，还必须兼顾能力、情感、人格等维度。只用是否"学得好考得好"的标准衡量是片面的。这种多角度的辨析，在改变老师观念的同时还助其完善了思维方式，让老师心悦诚服。[1]

---

[1]　杨金林：《课程领导力的核心：课程价值领导力》，载《江苏教育研究》，2011(07B)。

教师在课程价值识别和辩护中的影响力是其课程领导力的根本基石，也是确保教师课程价值领导富有针对性和实效性的前提。

其次，价值引导与提升力。面对课程价值的多元走向，具有课程领导力的教师在课程价值识别的基础上，会主动、自觉地客观分析自己及同侪教师课程实践隐含的支配性价值取向，帮助和引导教师团队改变片面、错误或非科学的课程价值观，探寻教师课程行为背后内在的机理、机制，深化对支撑基本课程价值理念的内在理据的透彻把握，提升对课程价值理性的认识水平，并在力所能及的范围内寻求课程实践的超越。例如，在现实力量强大、以应试为核心的功利取向与理想却明显势单力薄、以促进学生全面素质可持续发展为核心的人本取向之间，如何"戴着镣铐"演绎出催人奋进、彰显教育希望的精彩"舞蹈"，离不开广大教师的课程价值引导与提升。虽然这项任务艰巨，但也正是教师课程价值领导的意义所在。

最后，价值整合与转换力。在课程价值识别、辩护及引导、提升的基础上，具有课程领导力的教师还对自我及同侪教师间不尽相同又不无合理之处的课程理解兼容并包，善于整合来自不同教师的课程实践智慧，提炼出具有校本特色的共同价值，并在将其转化为具有校本特色和可操作性的课程要求、评价标准、研究课题等过程中发挥影响力。

相关链接 3-3

例如，我校语文学科聚集了不少观念独特、风格鲜明的教师，他们有的提倡语文课程要以语言文字训练为主线，有的主张语文课程要以情感为纽带，有的强调语文课程要注重精神境界的提升，有的建议语文课程要着力进行文化陶养……每种观点以不同价值观为基础，都有其积极意义。我们在引导大家梳理和分析的基础上，进行了整合，并形成具有包容性和原创性的语文教育新主张：语文课程是促进学生语言和精神同构共生的课程；语文课要为促进学生语言和精神同构共生而教。在这一思想的统领下，我校语文教师形成了更高层次上的价值认同和价值团结，大家以新理念为旗帜决意创生有校本特色的语文教育新流派。

我们学校在整合各门课程价值思想的基础上提出：所有学科都要树立"为促进学生知情行协调发展而教"的观念。这一主张旨在让学生在认识、情感、践行三方面同时获得健康发展，形成和谐的素质结构。这种努力，促进了我校"知情行协调化"办学特色的形成。

我校在深化新课程改革中，组织各学科精英，在学习新课程理念、总结本校各科特色、分析存在问题的基础上，研究制定了《襟江小学各学科教学基本规范》，这一规范将学校的课程价值观、传统经验和期望教师改变的思想转化为明确的有一定刚性的操作要求，对促进教师转变观念、改进行为具有重要指导性。[①]

（二）教师课程领导力的表征：课程实践示范力

课程实践是教师工作的重要内容，具有课程领导力的教师显然在日常的课程实践中具有卓越的知能素养，发挥出巨大的示范价值。在我国基础教育新课程所执行的三级课程管理体制中，教师的课程实践在层级上涉及国家、地方及校本课程，在任务上涉及课程规划、开发、实施、评价等不同维度；鉴于我国中小学教师的课程实践现状，教师的课程实践示范力主要表现在以下几个方面。

首先，国家、地方课程的执行力。在并不尽如人意的教育现实境况中，有勇气和智慧高质量地执行国家和地方课程，显然是教师课程领导力的重要体现，也是以校长为核心的学校课程团队的使命和职责。虽然对于广大普通教师而言，有限的课程权力常常让人产生强烈的无可奈何之感，但这并不意味着教师丝毫没有寻求突破的可能空间。

其次，校本课程的设计、开发力。《基础教育课程改革纲要》提出学校在执行国家课程和地方课程的同时，应视当地社会、经济发展的具体情况，结合本校的传统和优势，学生的兴趣和需要，开发选用适合本校的课程；要积极开发并合理利用校内外各种课程资源。因此，学校在执行国家和地方课程外，设计、开发校本课程的任务更需要依靠广大教师的积极投入和参与。具有课程领导力的教师会积极、主动地在课程标准指导下，根据学校及其周边社区、学生及其家庭环境等多方面实际，积极开发校本课程、合理利用并有效整合校内外各种课程资源，使学生在学校课程实践中得到最大程度的发展。校本课程的蓬勃发展为广大教师提供了更多施展才华、锻炼和提高课程领导力的舞台，越来越多的教师积极主动地投身校本课程开发和学校课改实验。

再次，课程实施的变革力。课程实施是学校课程实践的核心环节。具有课程领导力的教师往往在具体的课程实施中总是勇于探索、革新，善于反思、总结，优质、高效的课程品质使其在同侪教师中赢得令人瞩目的专业权威。课程并不是在实施之前就固定下来的，真正的课程是师生在具体教学情境中共同合作、联合创造的教育经验。专家设计、法定开设的课程只是教师创生课程的一种资源，只有当这个资源有益于课堂情境中教与学不断前进时才真正具有意

[①]　杨金林：《课程领导力的核心：课程价值领导力》，载《江苏教育研究》，2011(07B)。

义；革新的课程领导强调真实、创新和解放的学习。因此，教师在日常的课程教学中，无论备课、上课还是课后作业、辅导、评价以及课堂氛围与师生关系营造与建构，都需要富有开拓、创新精神，孜孜以求、精益求精地进行创新的、关怀的(caring)、批判的、缜密的(contemplative)、合作的课程教学。

最后，课程评价的创新力。监控和评价自己及他人的课程实施过程与效果也是教师课程领导不可忽视的重要任务。虽然以校长为核心的课程团队更多地承担着全校教师的课程评价职责，但这并不意味课程评价只有校长、主任们的任务，普通教师也完全有权力、责任，也完全应该有能力进行创新性的课程评价。具有课程领导力的教师总是主动地寻找和利用深入同侪教师课堂的机会，分析彼此的教学动态，研究教学改进的策略和方法，热情邀请学校领导、行政人员、同侪教师、学生及其家长乃至社区人士等参与课程评价，虚心吸取各方评价者的意见和建议，切实改善课程教学行为、提高课程实施有效性，致力于使课程真正成为学生健康成长的重要载体。

(三)教师课程领导力的根基：课程文化建设力

领导是在一定条件下，为实现既定目标，对所属组织和人员的活动施加影响的动态行为过程；领导和管理的区别就在于前者的影响注重愿景的作用，通过分享和交流引起组织人员的互动行为，管理则是依靠权威、按照机构规则来实施已有程序的单向控制过程。学校课程领导应具有愿景性、民主性、合作性、建构性和批判反思性等特征[1]，旨在基于学习共同体的建设，提供一种教育愿景和教师民主参与的机会，建设和谐的伦理秩序和道德规范，营造合作、对话、反省和慎思的学校文化，促进教师专业发展、改善学生学习成效。[2]

因此，学校情境中具有课程领导力的教师，不仅自己能够自觉认识到参与课程变革的内在权责，而且在学校课程文化和教育愿景建设中，能够致力于分享一种共同的文化和价值，影响和带动同侪教师共同参与课程事务，在团体的公共道德和信念支撑下，提升参与变革的动机和能力，导向共同的奋斗目标，最终达成促进学校课程发展和提升学生学习成效的目的。

在学校课程文化建设中，广大教师有责任共同谋划富有特色的学校课程愿景，彰显学校成员对未来学校课程的共同期望，这是学校文化的重要组成部分，也是学生发展的重要影响因素，更是教师教育教学行为的内在依据和课程

---

① 于泽元：《校本课程发展与转型的课程领导》，见黄显华，朱家颖：《课程领导与校本课程发展》，第51页，北京，教育科学出版社，2005。

② 黄显华，朱家颖：《课程领导与校本课程发展》，第12页，北京，教育科学出版社，2005。

领导的路径保障。校长、教师的课程领导都是在具体的学校情境中实现的，是面对复杂的课程领导情境作出选择、决定、调整、适应等多重决策的过程。这就要求校长、教师不仅自己树立还要引导同僚树立正确的课程价值取向，自觉融入课程改革实践，关注学校课程目标、推进策略等的制定，建立科学的课程评价体系，关注学校所在区域的经济社会发展水平及其对教育的多元需求，建立学校课程发展愿景的国际化与本土化的双重视野，使学校教育真正融入社会发展的大潮，建立起符合本土发展需求的学校课程体系。

总之，教师的课程领导力是教师专业智慧和专业权威的外在表现，即教师为提升学校课程品质、促进学生学业成就及终身可持续发展、推动教师自我和同僚的专业成长、再造学校课程文化等贡献才智，最终推动学校课程发展目标的实现。当然，上述各个层面的教师课程领导力要能真正发挥作用，还需要上级部门的指导和监督，需要以校长为核心的课程团队的示范和引领，需要教师自身充分发挥聪明才智的实际践行。

二、教师课程领导力培育：为教师"赋权增能"

教师课程领导的践行、课程领导力的提升都是长期的持续过程。革新的课程领导以道德权威为基础，通过变革推进民主、合作、反省、慎思的学校文化建设。国内外种种课程领导的实践以及课程领导改革的形势要求教师参与课程领导，但现实的种种困难和限制使得教师只能在夹缝中寻找生存空间。为教师赋权增能（empowerment）[①]（即赋予教师参与课程领导的权力、提高教师实行课程领导的能力）并积极建构学校学习共同体文化是教师能够真正践行课程领导、发挥课程领导力效能的根本保障。

（一）教师课程领导力培育的前提：赋予并保障教师的课程权力

我国基础教育新课程改革宣布实施"三级课程管理"政策，各个层面的课程

[①]　赋权增能（empowerment）是20世纪80年代以来在组织理论领域所出现的一个重要概念，意指通过分享以及共同协作以建立、发展和增强权利的行动。赋权的意义可以分为心理面向、行动面向和政治面向。在个人方面有发挥能力的机会，在心理上可以感受外在环境的支持；在政治方面而言，教师是能负起维护社会正义责任的人；在行动方面，教师要能够参与学校校务发展，提升教学专业能力，并和同事一起进步。学校课程领导对教师的赋权不仅具有政治上的意义，还具有情感上和行动上的意义。实现赋权增能的一个重要措施就是进行学校机构重组，让教师形成专业团体，对课程事务进行慎思、决策和评估，提高教师参与课程事务的机会，而不像过去那样单纯期待行政命令。此外，赋权增能还意味着要建立一种富有激励性的、鼓励冒险和新体验的文化。当教师处于一个鼓励冒险和鼓励创新的氛围之中时，拥有感和学习的积极性必然大为增加。见黄显华，朱家颖：《课程领导与校本课程发展》，第69页，北京，教育科学出版社，2005。

责权范围有所调整，凸显了校本课程发展，意味着通过部分课程权力的再分配，期望权力关系有所改变。这使得教师参与课程领导有了一定的可能性，但政策规定并不一定能真正落到实处。当学校拥有了自主权以后，教师能否拥有课程领导权，则主要取决于学校领导的观念和做法。

1. 赋予教师一定的课程权力

随着经济社会的快速发展，教育的发展形态越来越走向多元，教育的责任需要社会各个阶层共同承担，政府的责任主要是规划、引导、促进教育发展，公平分配教育资源。但是长期以来，在高度集中的教育管理体制下，学校必须严格按照上级主管部门的行政命令和规章制度行事，在课程管理上也是如此。虽然这种状况在新课程改革提出三级课程管理体制之后有所改善，但在长期积累形成的文化惯性作用下，校长难以有效实施自主的课程领导。简单化的"升学评价"也导致学校教育过分强调评价的甄别与选拔功能，忽视其改进与激励的功能，限制了校长课程领导力的发挥；更遑论教师的课程领导空间。

由于教师直接面对教学现场，具有强烈的情境感和较强的叙事优势，作为反思性的教学者，教师是促进学校课程发展的最理想的课程研究人员，教师参与校本研究是课程理论研究不可或缺的草根资源。因此，在我国基础教育新课改中，教师作为学校课程领导之一，被赋予了一定的参与课程决策、审议和开发的权力，如教学自主权、课程领导权、专业发展权，旨在通过"为教师赋权"而充分发挥教师的主动性、能动性和创造性，凸显教师的课程主体地位，使教师真正成为课程实施的主体和课程质量的承担者之一。"课程领导"概念的提出也意在倡导赋予教师参与课程领导的权力、增强教师的课程领导力，致力于改变传统官僚体制下形成的自上而下的"监控""管制"等管理观念。

任何课程改革都是一种权力再分配的政治性活动。教师课程领导的践行需要改变支配学校的传统权力关系，保障多元声音的表达，营造共享责任的氛围，切实赋予教师一定的课程权力并给予制度保障；否则，教师的课程权力依然错位、课程责任依旧模糊，在夹缝中生存的教师终究难以实践课程领导。"课程领导应为学校成员提供必要的基本支持与资源，进而充实教师的课程专业知识和能力，发展优质学校教育方案，促进教师间的交流与观摩，促进学校形成合作与不断改进的文化，最后发展学校成为课程社群，达成卓越教育的目标"[1]。

为此，教师的课程领导力欲得到充分发挥和有效提升，首先需要赋予校

---

[1] 黄显华、朱嘉颖：《一个都不能少：个别差异的处理》，第34页，上海，上海科技教育出版社，2003。

长、教师参与课程开发和决策的权利，而不只是简单地让校长、教师执行课程方案；需要改变以升学率作为评价学校质量的唯一标准的做法，将学生全面发展、教师专业成长和课程发展等纳入学校评价体系中，对学校的整体面貌进行开放、综合、多元的评价。

比如，教学自主是教师工作被视为专业的必要条件。如果教师在课程实施过程中，对课程资源的选择和利用、课程呈现方式、教学进度以及课程评价形式等，不能做到自主决策，那么，教师的专业属性便丧失了价值合理性存在的依据，教师职业的专业属性就会遭到普遍质疑，从而无法得到自身和社会的认可。教师的教学自主权包括课程开发、课程计划的制订、教材和课程评价方式的选择等层面。课程开发尤其是校本课程开发是教师作为课程主体充分发挥真创造性的发展平台，教师的教育思想、教育信念和价值追求均可通过课程的开发来体现，课程开发既是教师首要的课程权力，也是衡量教师专业水平高低的重要尺度。在"一纲多本"的课程政策下，作为课程领导和课程主体的教师在教材选择上也应拥有一定的自主权，才能根据社会变迁和时事变更，及时在课程实施中补充新鲜内容以满足学生的学习需求，从而保证新课程的灵活性、开放性和丰富性。课程评价权也是教师不可缺少的专业自主权之一，新课改也赋予一线教师有权决定评价的形式、评价的阶段和评价的时空等。

又如，教师应有权分享课程决策。教育变革的决策和实施不是两个互相割裂的独立过程，课程变革实施者也应同时参与课程决策过程，才能清楚地理解课程方案的意图并识别与现实的差距，通过自我慎思和判断来采取合宜的行动。若课程改革停滞于课程决策和课程实施间的割裂和对立，那么一线教师的专业自主及其创意将不可能在课程改革中得以体现。所以，学校课程领导需要通过与教师分享课程决策的权力，给教师参与课程决策的机会，这对于增进教师对变革的感知和把握，激励教师参与学校课程领导的积极性、发挥课程领导力能够产生重要的推动作用。

2. 保障教师课程权力的合法行使

教师的课程领导力欲得到充分发挥和有效提升，还需要切实保障教师能够行使其被赋予的课程权力。各级教育行政部门以及以校长为核心的学校领导团队，都应努力采取有效措施，为教师的课程领导创造条件，围绕课程发展的内涵，以服务学校为指向，在各自职责范围内制定各项相关配套措施，谋求学校课程更大更强更快更高的发展。

比如，教师课程决策权在学校层面体现为对国家颁布的课程变革方案即法定课程进行调适和创造，使其成为符合学校环境和特征的学校课程体系，或是进行校本课程开发。为了激发教师的课程实践智慧、增强他们对变革的理解和权责意识，学校可以采取以下一些具体措施：第一，组建"课程发展小组"之类的组织，制定相关规章制度明晰每位成员的权责，增加成员的群体归属感；第二，开展课程领导会议，组织相关教师共同商定课程变革的模式、实施规模、时间和策略，以发挥教师的权能；第三，安排课程专家、顾问、研究员以及学校教师汇集一堂，对国家法定课程方案慎思、研读以及对学校内外环境因素进行评估、考察，共同创造出新的校本课程实施程序。

又如，教师课程决策权在课堂层面则体现在对课程的选择和创造，具有更大程度的自主性。学校应鼓励教师发挥自主、创新意识，自主选择教学方式、教学资源和评价形式等，创造、生成新的课程资源，更好地把握、掌控课程实施的进展与成效。

再如，教育行政部门需调整急功近利的心态，给学校和教师适度的成长空间。教育固然要讲究成本与效益比，不能"只问耕耘、不问收获"，但过于急功近利，则必然会造成拔苗助长的后果。因此，教育行政部门在推动改革之际，需研制可行的推进计划，循序渐进，适度考核评估。否则，要求学校短时间里拿出成效，不仅改革的理念无法深入教师内心，而且令教师对改革失去信心，课程领导也就无从谈起。

当然，各级教育部门有必要配合新课程的内涵，从全面性、一致性、指示性等方面加强课程规范的建设，制定适度明确化的课程规范，为课程领导提供依据，并示范教师如何进行课程领导。

(二)教师课程领导力培育的重心：提升教师的课程素养

领导的意涵除"权力"外，还意指对他人的"影响力"，这种影响力往往比权力更为重要。领导需要在组织上获得其他成员的认同、支持和拥戴，领导不是一种"正式权威"(formal authority)，而是一种"信赖的权威"(entrusted authority)。从国家教育部的政策制定到学校课堂的教学安排，牵涉不同层面的团队和人员的课程思考与课程计划。虽然在现行教育体制中，不可能离开教育行政架构去运作课程改革，但是，课程领导不应当也不可能是单纯的政府行为，而是专业行为。从"文本的课程"转化为"经验的课程"之间，牵涉一连串的解释、筹划、决策与实施行为，"天龙八部该不该进教科书""刘翔该不该编入教材"之类，不是全民讨论的课题，而是教师专业判断的课题。通过课程领导进行课程权力的分配，其目的在于保证课程的实效性，同时对教师专业能力提出较高要求。无论校长还是教师，努力提高自身的课程能力便尤为关键。然而，由于长期以来，在师资培养和培训中一直相对忽略了有关课程发展及课程领导的知能培养，导致广大校长和教师在课程发展及课程领导方面的专业知能都明显不足。近年来虽然校长、教师在职培训越来越受到重视，但从培训课程和时间来看，还不能说帮助他们建立了"课程领导"的整体观念和知能。事实上，很多校长在实际工作中仍然将行政管理的传统观念迁移到课程领导中，其所产生的效果自然可想而知；广大教师更是由于观念和知能的双重不足而游离于学校课程发展。针对教师课程领导意识淡薄的现状，培养教师的课程领导能力是学校改进的重要突破口。

1. 加强课程理论修养，凝练清晰的课程意识和正确的课程观、学生观

教师要真正具有课程领导力，需具备有关"课程"的基础知识，不断提升课程理论修养。有关"课程"的基础知识除了涵盖基本的课程设计、决策、实施、评估等课程论知识外，还需涉猎有关学生"学"和教师"教"的知识等，广泛涉猎古今中外，特别是西方教育学界 20 世纪二十年代博比特、四五十年代泰勒、六七十年代施瓦布以及七八十年代后其他课程研究者的课程思想等，了解课程思想和理论从强调"课程开发"到强调"课程理解"的发展脉络以及近 30 年来对课程的多元理解（如将课程理解为历史文本、政治文本、种族文本、性别文本、现象学文本、后结构主义文本、后现代文本、美学文本、制度文本、国际文本等），并将理论学习与课改实践紧密结合，在实际工作中不断地学习从课程及课改背后的价值层面思考深层次的课程问题，比如：课程改革试图回应的是什么样的社会、经济、政治与教育问题？课程改革的理论基础是什么？现行的课程改革满足了政府的哪些标准、命令和要求？在实际的教育教学情境中，实施的课程与课程标准能够在多大程度上保持一致？学科课程的实施结果与课程标准的规定是否一致？课程体现了什么样的价值观？课程改革在学科的课程内容、阅读材料、教学方法选择等方面体现了什么样的价值取向？会有哪些社会成员可能不同意课程的内容或者认为课程内容背离了他们的价值观？等等。教师不断丰富自己对"课程"和"领导"的专业学识，能有效增加自己观察教学实践的敏锐性，也有助于深入了解学校内课程的不同利益相关者对课程的不同理解和期望，从而通过一种平等对话、共同探究的过程，在校内建构所有学校利益相关者共享的课程目标和课程计划。

教师只有确立课程意识和专业自信，才能成为课程改革的主力军。无论是落实国家、地方课程，还是开发校本课程，教师都必须首先在批判反省中澄清自己的课程观、学生观乃至教学观、教师观等。课程观是课程发展的重要理念基石，是每一位从事课程研究和实践的人必须面对的前提性问题，例如：教育真善美为何？引领课程改革的愿景是什么？课程实践是基于怎样的道德承诺？

师生在课程发展中的处境如何？如何处理课程开发与课程理解的关系？等等。对校长来说，需要以"课程协商"替代"行政指令"，倾听来自教师的声音；对教师而言，也需要倾听来自包括学生在内的多元诉求的呼唤，尊重各种声音的价值。

2. 教师自觉开展课程行动研究，积累课程研究经验

课程问题既不是纯理论问题，也不是纯技术的问题，而首先是一个实践问题，行动研究的问题。课程实施即教师在教学中开展行动研究、积累实践智慧的过程。兰博特(Lambert)的建构主义课程领导思想强调给每一个成员参与的机会，通过互动共同建构专业知识、解决问题，在此过程中启发教师善于进行课程慎思、批判，通过自我的不断评估和慎思以提高实践水平。共同建构意义的同时也是了解变革信息，及时提供帮助。比如，定期组织课程研讨会议：聆听教师们的建议和困境，共同协商、形成对新方案的积极态度；进行个体或小组层面的指导：随意地拜访教师个体，对实施状况进行一次简短的访谈，对其问题和困惑给予解答；或参与某学科小组或专题研究小组，以成员的身份跟进小组的整个变革过程，及时提议和引导。教师只有通过开展课程行动研究、积累课程研究经验、具备专业自主的课程能力，才能根据学校层面的课程标准、自身面对的学生实际、可以利用的可能的课程资源，结合自身独特的课程经验，进行班级层面的课程规划并预留一定的弹性，在课程实施过程中，结合学生的生活实际，及时将社会变迁和重大事件纳入课程计划予以实施，通过教学互动师生共同创生课程对日常生活的意义。

3. 教师应具备领导理论知识以及其他方面的综合素养

教师要承担课程领导责任、有效发挥课程领导力，还需具备有关教育和领导的基础知识(例如，具备课程与教学的专业知识、了解学生的发展与学习、熟悉各种领导理论、取向、形态等的知识等)以及拥有一些个人品质和素养(例如关爱、积极、主动、乐观、谦虚、热忱、友善、公正、善于沟通、富有责任感、具有解决问题与处理冲突的能力、深受他人信任等)。没有一种课程领导角色可以适用于一切教学情境，课程领导者在不同情境中需要扮演不同角色，如课程改革的指导者、倡导者、促进者、服务者、课改教师纷争的解决者等。这种多元课程领导者角色对教师的个人素养提出更高要求。比如，"热情"和"反省能力"的重要性不言而喻，因为教育是一种人影响人、生命影响生命的事业，成功的教学离不开教师对教育的热情、对学生的爱和持之以恒的自我反省；课程领导工作也不例外。又如，教师课程领导是基于成员需求的关怀行动，校长、教师作为课程领导主体，彼此间相互依赖，领导功能的实现是基于领导者和追随者的共同意愿，通过特定情境的对话，合作地建构意义和知识；

因此，形成和谐的教师人际关系是教师课程领导的保证。教师领导者应尊重他人的人格尊严和主体性、重视他人心理需要的满足、肯定他人价值并为其提供参与机会。

总之，课程领导是一件非常复杂的工作，并非纯粹涉及课程发展的问题，而是要以深厚的课程发展知识做根基，去处理"人的问题"；课程领导者不仅仅是一名"课程专家"，也应该是一名出色的"团体领导者"[1]。教师课程领导所需具备的知识、能力、人格品质等都可以通过培养、锻炼得到提升、优化。

（三）教师课程领导力培育的保障：创建学校的学习共同体文化

课程领导转型需要注重教师素质和能力的养成，但个体能力及集体智慧的养成并非无根之木，而是非常需要适宜的文化土壤。很多学者都指出人们对变革一般都是抵制的，教师对课程变革的拒斥，实际上是对教师在实施课程变革过程中所遇到的困难和障碍的总结与归纳。在导致教师抵制课程变革的诸多原因中，"不安全感"和"孤独感"是两个重要因素；当教师感觉到新事物对自己的威胁性以及自己必须孤军奋战时，很少有教师有信心或是愿意去冒险实施新的课程计划。[2] 所以，教师需借助团体的力量，给自己以信念、信心和情感上的支持，以及行为上的参考，通过同侪合作和互助的形式促进自我发展。而学校课程领导正是教师团体信念、价值、态度、习惯及行为规范，集体成员间关系的形成之重要链接，在摆脱以往封闭性和孤立性的教师文化，重塑一种全新的合作性变革文化中发挥着"桥梁"作用。

课程领导不是个人"单打独斗"的行为，课程领导的主体不是个人而是团队；在学校中组建诸如"课程发展研究室""课程小组"之类的团队，将有助于校长、课程专家、教师、学生、家长和社区代表等共同分享课程领导的权力与职责，形成"领导共同体"。作为课程领导者的教师，需要与上级领导（如校长、教导主任等）和学校同事等建立起伙伴、协作关系和团队精神，实施权力分享，带动更多教师参与学校课程决策，营造共同探究、相互学习的学校文化，并促进自己、帮助他人实现专业发展。为此，学校文化特别是教师文化至关重要。教师文化即在一个特定的教师团体内，或者在更加广泛的教师社区之间，各成员共享的实质性的态度、价值、信念、假设和处事方式。[3]

---

① 黄显华，朱家颖：《课程领导与校本课程发展》，第15页，北京，教育科学出版社，2005。

② 杨明全：《革新的课程实践者——教师参与课程变革研究》，第185页，上海，上海科技教育出版社，2003。

③ 冯生尧，李子健：《教师文化的表现、成因与意义》，载《教育导刊》，2002(4上)。

课程领导转型通过创设教师合作文化，逐步培养教师成为课程领导者，形成生机勃勃的学校课程发展与变革态势；每位教师也正是在这种共同探讨、彼此信任、精诚合作的课程文化中锻炼、提高以及发挥着自己的课程领导力。可见，"做中学"是课程领导事业发展不可忽略的重要理念，不论是课程专业知识的学习和领会、领导典范的择取和运用，还是课程自省意识的觉知和提升，教师都需要通过"在行动中反思、在反思中行动"的循环过程实践课程领导；学校管理者需要通过建构学校教师赋权承责的文化，使教师对课程产生"拥有感"（ownership），从而推动学校课程改革与发展。

总之，教师课程领导的有效运作，需要教师扮演课程愿景的追随者、课程意识的主动生成者、校本课程的开发者、课程实施的引领者、教师专业发展的促进者、同侪教师的帮助者、学生学习品质改善的指导者与学习共同体的营造者等多重角色。教师课程领导的多重角色担当，意味着教师需要培育、锻炼和提升自己的课程领导力，在教育理念、课程思想及教学行为等方面主动追随角色理想，不断完善自我。

【关键概念】

课程领导　学校课程领导　教师课程领导　教师课程领导力

【复习与思考】

1. 调查自己中学母校的课程发展及改革动态。

2. 围绕"教师课程领导力"的内涵及价值，访问自己中学母校的一位老师；结合访谈，阐述自己对"教师课程领导力"的理解。

【推荐阅读】

1. 黄显华，朱家颖．课程领导与校本课程发展．北京：教育科学出版社，2005

2. 钟启泉．从"课程管理"到"课程领导"．全球教育展望．2002(12)

3. 张华．道德的课程改革与民主的课程领导．全球教育展望．2006(4)

4. 郑东辉．教师课程领导的角色与任务探析．课程·教材·教法．2007(4)

5. 徐君．教师参与：课程领导的应有之举．课程·教材·教法．2004(12)

【实践园地】

　　教师领导力系列实践(三)——我的课程领导力发展方案

通过阅读和访谈，我对课程领导力的理解

提升教师课程领导力的现实条件与阻隔

教师课程领导力提升的途径

第四章　教师的班级领导力

【本章重点】

- 理解班级、班集体与班主任的内涵
- 了解班级领导力的产生与发展
- 掌握班级领导力的内涵、功能与特征
- 理解与掌握班级领导力的影响因素及提升策略

案例导入：班主任工作的艺术①

素质教育要求我们要面向全体学生，使学生的思想道德、文化科学、劳动技能、身体心理素质得到全面和谐的发展，个性特长得到充分的培育。俗话说："投入多少就得到多少回报，"学生在这个学习的阶段是转变人生的重要阶段，作为班主任的我，就很注重这点。班集体，是学生健康成长的一方沃土。我从来都把我教的班级，看作是一个大家庭。无论老师，还是学生，都是这个家庭中的一员，要想家庭兴旺，必须大家努力。为了优化班级管理，我处处以身作则，严格要求自己，因为我相信："其身正，不令而行；其身不正，虽令不从。"

这一年我接手的是全校闻名的乱班，班里学生上课迟到，晚自习甚至白天装病泡医务室宿舍，打架斗殴，甚至威胁老师……刚接手第一次班会，我并没有雷厉风行给他们个下马威，因为我知道高二的学生并不吃这一套，我的想法是"温水慢煮"。刚开始对于他们试探性的犯错我一概装作不知，我想我必须在他们心中树立自己威信，真正接受我之后我才能够"发威"。我在学生报到前就通过前任课老师锁定班级几个领头人物，我想："降伏"了他们也就"降伏"了这个班。

早上迟到的同学渐多起来，我于是规定凡是迟到者打扫卫生一周，以示惩罚，刚开始同学们尤其是比较拖拉的同学很有意见，卫生打扫马马虎虎。后来有一次我因故迟到了几分钟，急匆匆赶到教室后，我很抱歉地说："对不起，我迟到了，我罚我值日一周。"同学们都半信半疑，也有的同学说："老师你就不用罚了。"但我坚持说："王子犯法，还与庶民同罪。何况我们师生是平等

---

① 摘自江苏省南京市一位中学班主任的工作日志。

的。"之后的一周，我每天认真拖地，第一天，有同学说"老师你真罚自己呀。"第二天同学们有人试探性说想帮助我，被我拒绝了。第三天我明显感到同学心中的不安，虽然我感觉很累，但我心中窃喜：有效果了。果然，之后班上没有同学迟到了，偶尔有因故迟到的自觉罚值日，而且认认真真。这就是以身作则的效应。

学生在高中时代，很多时候一些细节会让他们改变人生，改变观念，然而如何正确地去引导他们朝着健康、正确的方向发展是我们班主任应该做的，而最好的途径是通过一些小事情去激励、鼓励，逐步建立他们的自信心。班上有位同学，教过他的老师都告诫我小心点别招惹他，说他曾经想跳楼自杀。第一次见到这位同学果然让我心头一紧，他的眼睛里透出来的是让人冰冷的寒意。嘴角时时还露出轻蔑的冷笑。我心里想：这是一个怎样的学生呢？渐渐我发现他在班级中威信还很高，我想这是我要"收降"的第一个人物。一次找了个借口，我把他叫了出来，他也不看我，冷冷地问了一句："有事吗？"我笑笑说：没事，聊聊。你对老师怎么看哪？他在鼻子里哼了一声："老师？还不都是为了赚钱，还说什么太阳底下最光辉的事业？""哦，老师也是人，老师也要生活也要养家糊口，工厂的工人的产品是有形的实物，而我们的产品是无形的，是要靠你们来体现的。但教师这个职业也有他的特殊性，正因为产品的无形，所以说老师的工作是个良心活。有些可做可不做的事情就要看这位老师的责任心了，有些教师做得确实堪称这个荣誉。你说呢？"我耐心地解释着，他没再说话，但我看得出他似乎理解了一些。这次谈话我觉得虽有一点点进展但他依然一副我行我素的神态。之后一天我想与他家长联系看看，翻出他开学登记留下的号码开始拨打，却两次都被挂断，过了一会发了一条短信过来说：你是谁？我现在不方便接电话。我脑中灵光一现：莫非他留的是他自己的手机号？我马上悄悄来到教室后门外往里看，同时再次拨打，果然看到他手放在下面拿着一部手机。这时如果我冲进去没收他的手机，虽然维护了学校的制度，但前面的努力等于白费，而且将他推到我的对立面去，以后将更无法走入他的内心。回到办公室我开始想对策，我最终决定与他发信息交谈，但装作他就是家长。我在信息里如此这般把他在学校的表现好的方面都以汇报家长的口吻说了一遍。可能他一直都是被老师告状挨批，没想到我竟会表扬他。之后一段时间我一直装作不知道手机号的事情，又继续发短信表扬了几次，明显他脸上的表情柔和起来，见到我主动向我打招呼。直到有一天他主动找到我说他家长换手机号码了，当然我知道这次是真的号码，但我并没有点破他，依然装作不知。渐渐地，我了解到：他两岁时父母离异又各自已经成家，他是跟父亲过段时间跟母亲过段时间，从小就经历这些变故导致他的性格乖戾。在平时我注意多关心他，哪怕他有一点点的进步我都及时表扬，渐渐地他越来越开朗，经常主动找我谈心，说说他的快乐与苦恼。这之后他再犯任何错误我都毫不留情地批评，当然他都能接受，包括没收了他的手机。我很庆幸自己没有蛮干，想想班主任工作一定要多注重技巧，一时的退让只是为了更好的前进，这在兵法上就叫"以退为进"。你只有让学生在内心真正接受了你，你的批评才能被接受，才会有效。

以我的"温功"慢慢我软化了班里几个"头头"，他们一旦走上正轨还是我工作的得力助手，班级稳定了，这时是我"发威"的时候了，我制定了严格班规，谁犯错我都是一视同仁，毫不留情。教海无涯，班主任工作中的方法很多，我想只要我们以满腔热忱去动之以情，晓之以理，催其猛醒，促其奋进，执着地相信每个孩子都能成为有用的人才，给学生的进步创造一个良好的心理环境，当然也要因材施教，注意方式方法，相信每位教师都会成为孩子们的"良师益友"。

第一节　班级：学生成长的精神家园

一、班级与班集体

班级是学校的"细胞"，是学生生活、学习和成长的主要场所。班级是自班级授课制出现以后从教学的角度提出的一种学生编制，是教育发展到一定历史阶段的产物。率先正式使用"班级"一词的是文艺复兴时期的著名教育家埃拉斯莫斯(Desiderius Erasmus)。17世纪，捷克教育家夸美纽斯(Johann Amos Comenius)在其代表作《大教学论》中对班级授课进行了详细的论证，从而奠定了班级组织的理论基础。后经德国教育家赫尔巴特(Johann Friedrich Herbart)的发展而基本定型。工业革命后，这种教学组织形式在欧美逐步推广开来。我国最早采取班级组织形式是起于1862年清政府开办的京师同文馆，1903年，《癸卯学制》以法令的形式加以确定，这使得20世纪初废科举、兴学校之后，全国各地的学校都开始广泛采用班级组织的形式。

在班级发展的过程中，出现了很多对班级含义的界定。目前比较认同的对班级的理解是：同一年龄段、发展水平相当的一群学生根据学校的安排固定地聚集在一起，形成了"班"；又因为"班"处于一定的教育阶段上，这就是"级"。所以，班级就是学校为了实现一定的教育目的，把处于一定年龄阶段、文化程度大体相同的学生按一定的人数规模建立起来的基本教育组织。班级作为学校教育活动的基本单位，是学校行政根据一定的任务、按照一定的规章制度组织起来的正式群体，是学校最基层的行政组织。作为一个正式群体的存在，班级必然有其特定的成员、目标、文化、人际交往及功能。正是这种相对稳定的群体为学生全面发展提供了物质空间与精神空间，成为学生交往的基本场所和学生成长的重要环境。与此同时，班级作为一种教育组织形式又是一个典型的学习型组织。所谓学习型组织，是通过培养弥漫于整个组织的学习气氛、充分发挥组织成员的创造性思维能力而建立起来的一种符合人性、富有生命力的、能持续发展的组织。而班级作为学生开展学习活动的主要场所，正是着力于发展全体成员的持续性学习能力，提高班级的凝聚力，促进个体与组织的健康、和谐的发展。

班级是一种学生群体，但并不能说把学生编成一个教学班就是班集体。班级和班集体的概念还是有着一定的差别的。其实，组织有序的班级作为一种教学组织形式，仅仅提供了班集体发展的基础，班集体又不同于一般意义上的班级群体，班集体是班级群体发展到一定水平的结果。一般而言，只有具备了以下四个基本特征的学生群体才能称之为班集体。

（一）共同的奋斗目标

共同目标是班集体形成的基础。唯有当班集体成员具有共同的目标定向时，群体成员在实现目标的过程中才会在认识上、行动上力求保持一致，相互之间努力形成一定的依存性，而这其实正是开展班级建设的关键所在。班集体应以本班全体学生的全面发展为共同目标，在德、智、体、美等诸多方面都要有明确的目的和任务，并能为实现这一目标而进行共同的活动。而就班级目标的制定过程而言，则应当充分注重学生积极性和主动性的发挥，让学生们有更多的机会参与到目标的制度与实施过程之中。

（二）一定的组织结构

班级中的每个成员都是通过一定的班级机构组织起来的。结构决定功能，结构的优化才能利于功能的发挥。因而班级机构组织的合理化程度必然关乎着班级的整体运行效果。但仅有组织结构是不行的，还必须建立起相应的管理机构来保障，这样的机构必须能起到维持和控制着班级成员之间的关系的作用，从而推动共同任务的完成和共同目标的实现。

（三）共同的生活准则

健全的集体不仅要有一定的组织结构，而且还离不开相应的规章制度的规范和约束。并且，需要把取得班级成员认同的、为大家自觉遵守的行为准则，作为完成共同任务和实现共同目标的有效保证。共同的生活准则有显性的，也有隐性的，两者的存在形式虽然不同，但对于班级的建设与发展而言都起着举足轻重的作用，因而是缺一不可的。明文规定的准则往往更具外在的约束力，是班级同学明确要求遵守的行为的准则；而无形的准则主要是班级成员在集体的生活中逐渐形成并共同认可的一些约定俗成的行为标准，是学生行为的内在制约因素。总体而言，规章制度的形成应具有科学性、合理性，且能符合学生的实际，如此一来，才能真正发挥规范和制约的作用。

（四）集体成员间平等、宽容的氛围

在班集体中，良好的班级氛围对于成员间情感的勾连起着极为重要的影响作用。因而，应确保成员之间在人格上处于平等的地位，在思想情感和观点信念上是比较一致的，这样的班集体才可能更具凝聚力。要使得成员对集体逐步产生自豪感、依恋感、荣誉感等积极的情感体验，不断强化学生对于班集体的情感。而这一切都离不开在日常的班级管理中通过各种方式使学生真正融入班级的建设与发展之中，以此来增强学生的主人翁意识和肩负的责任感。

综上所述，我们可以这样来阐释班集体的内涵，班集体就是按照班级授课制的培养目标和教育规范组织起来的，以共同学习活动和直接性人际交往为特征的社会心理共同体。它是以学生亚文化为特征的社会群体、以教学为中介的共同活动体系、以直接交往为特征的人际关系系统、以集体主义价值为导向的社会心理共同体。正是基于此，班集体才能成为促进学生个性全面和谐发展的重要条件。班集体对于学生发展的重要价值具体表现为以下几个方面：

1. 班集体有利于培养学生的群体意识

每个学生都是集体中的一员，班集体也正是由一个个同学所组成的，可见，学生的发展与集体的发展无疑是密切相关的。在良好的班集体中，学生一方面能感受到班级对他们的关心与尊重，另一方面，学生往往也会努力使自己成为对集体有所贡献的一员，对集体的事务尽职尽责。

2. 班集体有利于发展学生的社会交往与适应能力

班集体是学生活动和交往的基本场所，通过在班级中的集体活动和学生群体之间的交往，可以使学生积累集体生活的经验，学会与人交往与合作，学会较快地适应新的环境，尽快地融入新的群体。

3. 班集体有利于训练学生的自我教育能力

班集体本质上应是学生自己的集体，因而每一个学生在所属的班集体中都应拥有一定的权力和承担一定的义务，都应在班级的学习工作中找寻到适合自己性格和才能的角色与活动。因而，班集体的生活成为了训练班级成员自己管理自己、自己教育自己、自主开展活动的最好载体。

如此重要的班集体显然不可能是一蹴而就所能形成的，其通常都要历经组建、形成、发展的过程。在这一过程中，首要的工作就是确定班集体的发展目标，这样才能使班集体具有发展的方向和动力；其次则是要为班集体建立起核心的队伍，核心队伍的成员将是带动全体同学实现集体发展目标的积极分子；进而是要建立班集体日常运作的正常秩序，以维持和引导学生在校生活的有序进行；再则就是要组织形式多样的教育活动，以增强班集体的整体凝聚力；最终还要培养正确的舆论和良好的班风，对班级每个成员形成约束、感染、同化、激励的作用，使之成为一种潜移默化的教育力量。由此可见，班集体是班级组织建设发展的长期过程中一个高级的阶段，也是班级组织建设所追求的最终目标。

相关链接 4-1[①]

我们班——开心园，一个充满欢声笑语的地方。在这里，我们每个人都是特别的，特别的老班，特别的我们，每个人都带着自己的特殊来到这个"家"。

刚进校园，我们都是不懂事的淘气鬼，总让老班为我们那些米粒大的事操心。而现在的我们，有了春的梦幻、夏的热情、秋的活力和冬的希望。

在教室的后排，有一盆盆的花，但它们还都是种子，我们在自己的盆中种下了信念、种下了行动、种下了习惯、种下了希望。相信在不久的将来，我们将收获自己种下的一切。

我们的人生不可能永远一帆风顺，它是无数次的成功与失败的较量。运动场上我们成功了，广播操比赛中我们失败了，这一落千丈让人不可思议。可是老班却平静地对我们说："立足现实，放眼明天，还有好多双眼睛期待着你们的成功，不是每一次努力都是圆满的，但是只要你们用心做过，就会拥有一个美好的青春。"

班级是一个大舞台，在这里有我们灵动的音符，有我们真心的笑容。在接下来的日子里，我们坚信：用我们的爱与责任去对待我们的人生、我们的老师和同学，那样一定会使我们的班级成为一个温暖、向上、令人留念的家。

二、班主任：学生的人生导师

班主任是随着班级授课制的出现而产生的，在我国不同历史时期，其称谓虽有所不同，但基本职能却并未发生巨大的改变。班主任是指学校中全面负责

---

① 摘自江苏省南京市一位中学生李晨晨的晨会发言稿。选自周晓静：《中学班主任》，第1页，南京，南京师范大学出版社，2010。

班级工作的教师，其基本任务主要是按照为了学生德、智、体、美等全面发展的目的来开展班级工作，全面教育、管理与指导学生的思想、学习、健康乃至生活的方方面面，把他们培养成为有理想、有道德、有文化、有纪律、体魄强健的公民。由此可见，作为一个班级直接的教育者、领导者和管理者，班主任肩负着比其他教师更多的职责和使命。正如教育部 2006 年发布的《教育部关于进一步加强中小学班主任工作的意见》中指出的，中小学班主任是中小学教师队伍中的重要组成部分，是班级工作的组织者、班集体建设的指导者、中小学生健康成长的引领者，是中小学思想道德教育的骨干，是沟通家长与社区的桥梁，是实施素质教育的重要力量。中小学班主任工作是学校教育中极其重要的育人工作，它既是一门科学，也是一门艺术。在普遍要求全体教师都要努力承担育人工作的情况下，班主任的责任更重，要求更高。2009 年教育部颁布《中小学班主任工作规定》，其中也强调指出，班主任是中小学日常思想道德教育和学生管理工作的主要实施者，是中小学生健康成长的引领者，班主任要努力成为中小学生的人生导师。班主任是中小学的重要岗位，从事班主任工作是中小学教师的重要职责。因而，教育部特别就学校班主任的"配备与选聘、职责与任务、待遇与权力、培养与培训、考核与奖惩"等方面做出了明确的规定，并强调加强对班主任队伍的建设是坚持育人为本、德育为先的重要体现。

具体而言，班主任的基本工作职责主要体现为以下几个方面。

第一，班主任要做好学生的教育引导工作。班主任应在日常工作中认真落实学校德育工作的基本要求。积极主动地联系其他任课教师并与他们一道，利用各种机会对学生开展思想道德教育，引导学生明辨是非、善恶、美丑，从身边的小事做起，逐步树立起学生的社会主义荣辱观，帮助学生逐步确立起远大志向、增强学生的爱国情感，使学生能明确学习目的、端正生活态度、养成良好的行为习惯。

第二，班主任要做好班级的管理工作。加强班级的日常管理，维护班级良好的教学和生活秩序是班主任基本的管理工作。班主任在开展班级工作中应坚持正面教育为主，对学生的点滴进步及时给予表扬鼓励，对有缺点错误的学生应平等相待，要晓之以理、动之以情，进行耐心诚恳的批评教育。并且，班主任应做好学生的综合素质评价工作，科学公正地评价学生的操行，向学校提出奖惩建议。同时，班主任应努力营造互助友爱、民主和谐、健康向上的集体氛围，形成有特色的充满活力的班级文化。此外加强安全教育，增强学生的自护意识和能力也是班主任工作中不容忽视的关键一环。

第三，班主任要组织好班集体活动。班主任应指导班委会、少先队中队、团支部开展工作，担任好少先队中队辅导员，组织开展丰富多彩的团队活动；在班级中积极组织开展有益的社会实践活动、课外兴趣小组、社团活动和各种文体活动，充分发挥学生的积极性和主动性，培养学生的组织纪律观念和集体荣誉感。

第四，班主任要关注每一位学生的全面发展。教育学生明确学习目的，端正学习态度，掌握正确学习方法，养成良好学习习惯，增强创新意识和学习能力。了解和熟悉每一位学生的特点和潜能，善于分析和把握每一位学生的思想、学习、身体、心理的发展状况，科学、综合地看待学生的全面发展，及时发现并妥善处理可能出现不良后果的问题。注意倾听学生的声音，关注他们的烦恼，满足他们的合理需求，有针对性地进行教育和引导，为每一位学生的全面发展创造公平的发展机会。

总之，班主任是学校教育第一线的骨干力量，是学校教育工作最基层的组织者和协调者。履行好班主任的职责，必须要树立正确的教育理念，遵循学生身心发展的规律，并学会运用科学的教育方法，善于利用各种教育资源来引导学生的发展。与此同时，班主任不仅应该努力协调好各任课教师，做好班级的管理和建设工作、学生的教育和引导工作，积极支持少先队、共青团、班委会开展班级活动，还应该努力成为沟通学校、家庭、社会的纽带，及时了解学生在家庭和社区的表现，发挥家长和社区在配合学校共同做好学生的教育工作中应尽的积极作用。

相关链接 4-2

培养学生是教师的义务，用爱与责任指导学生发展，做学生的人生导师是每一个班主任的职责。"宏志妈妈"——全国著名班主任高金英视"宏志班"[①]的学生为自己的孩子，让学生们在学校体会到了家庭般的温暖与和谐。高金英说："爱自己的孩子是人，爱他人的孩子是神。我不是神，但我从事的是神圣的职业。"

高金英的学生在写给他的信中说："亲爱的高老师，作为一个老师，您是成功的。您获得了整个高三(1)班的心。为什么，那是您人格的魅力。您的一言一行都是我们的榜样。您的人生哲理值得我们用一生来体会。……我的快乐能够像相片一样定格。我会记住，快乐、自信是您教给我的。"[②]

---

① 宏志班是北京广渠门中学校长李金海为救助贫困优秀学子在学校组建起来的特殊班级，专门招收品学兼优、生活贫困的高中生，希望他们能成为有宏大志向的新时期的人才。高金华就是首届宏志班的班主任。

② 王枬：《优秀的人生导师——著名班主任是这样炼成的》，第34页，北京，高等教育出版社，2010。

第二节　班级领导力概述

一、班级领导力的产生与发展

领导力的概念最早出现在企业管理中。行为科学认为，领导力就是指领导者在管辖的范围内充分利用人力物力和各种主客观条件，以最小的成本办成所需的事。管理大师彼得·德鲁克对领导力的概念曾有这样的解释："领导力就是远景。世界上任何人都是影响别人和被别人影响的。影响别人行为的行为，谓之'领导'；影响别人行为的能力，则谓之'领导力'。"美国领导力研究专家詹姆斯和巴里在其所著的《领导力的挑战》一书中也曾指出："领导就是要带领他人走到他们从未走过的地方。而所谓领导力则是指一种能够激发团队组织成员的热情与想象力，引导团队组织成员全力以赴去完成组织成长目标的能力。"

当今的学校教育处于迅速发展的时期，教育体制改革需要进一步地推进。素质教育的全面实施，课程改革的逐步深化，教育公平的快速实行，教师专业化的不断推进，绩效工资改革的初步尝试等一切新的形势都对学校教育教学与管理工作提出了更高的要求。当学校组织日益多样、复杂和富有创造性时，领导力的发展不再是仅仅体现为以占据正式职位权力的领导者为主导，更为重要的则是需要建立在新的领导观之上的，使得领导力得以分布于广大一线教师的身上，因为教师作为知识社会的促成者，无疑应当并且能够承担起领导的职责并行使着领导的权力。正是在这样一种形势下，培育教师领导力成为学校领导理论中异军突起的一股新生力量。唯有将教师视为引导学校变革和发展的主力军，通过对教师领导力的开发才能够极大地提升学校的变革能力。因而，无论从理论意义还是从实践价值而言，教师领导力的培育都已经得到了广大理论研究者和实践探索者的广为认同。他们完全相信传统的英雄式领导的局限性已是显而易见的，而增强教师作为领导者的角色和决策的能力就成为势不可挡的必然趋势。学校发展和持续变革的需要呼吁教师尽快转变其作为教育"接受者"的传统角色，而使自己尽快成长为制定和发起变革的"领导者"。教师既需要在他们的课堂中充分发挥影响力，也要进一步延伸到全校范围内的管理活动之中。

在整个学校管理中，班级管理对学生的影响最为重要，而在整个教师队伍中，班主任对学生的影响则更为直接而深远。班主任作为学生的人生导师，是在"学生心灵上耕耘的人"，班主任与学生的接触时间更长，接触机会更多，对学生的了解往往也更为深入，学生自接受学校教育起，班主任正是在与学生的逐步深入的互动中渐渐融入到学生群体之中，成为学生学习与生活中的重要一员。班主任在教育教学、日常生活中的一言一行都对学生的学习、行为和情感等不断产生着潜移默化的影响。如此可见，学生的成长与发展和班主任的领导与管理方式息息相关。与此同时，随着教育环境的复杂性和不确定性的日渐增加，原先的班级管理活动无疑也随之变得日益复杂。因而，这就要求班主任需要不断提高班级领导与管理能力，使他们的领导行为更加富有科学性，并能够有力地应对多种变化情形，驾驭各种不确定的环境。

与此同时，教师(班主任)的班级领导力的发展也是教师专业素质不断提升的要求。20世纪八十年代以来，随着社会对教师综合素质的要求越来越高，教师专业化成为了教师教育的核心，成为世界教师教育发展的必然趋势与潮流。正是在这样的背景下，如何通过开发教师的领导力潜能来提高教师的工作绩效，如何让教师在教育教学与管理工作中激发出自己的主人公意识，使更多的教师脱颖而出，已成为了教师专业化发展的重要课题。班级领导力理所当然成为教师专业素质不可或缺的一部分，而作为班主任的教师，是班集体的领导者，其班级领导力无疑也是成功领导班级发展的基本组成条件。然而，现阶段的班主任工作中常常暴露出许多缺陷和不足，这主要表现为：一方面，班主任抱怨自身工作压力大，投入的时间、精力多，而实际的工作成效不佳；另一方面，学校常常埋怨班主任工作效率低、工作成果不明显、班风学风差、未能实现预期的教育目标；此外，学生则抱怨班主任对他们的关心不够、班级气氛压抑、人际关系紧张、班主任管理过严且死板等。造成这些问题的根源正是在于没有很好地运用领导与管理理论来指导班主任的工作，对班主任的领导行为认知不足、理解不深。因此，作为教师专业发展中的重要部分，必须采取更加有力的措施，来保障和鼓励中小学教师愿意做班主任，并有能力做好班主任，发挥班主任应有的班级领导力，以真挚的爱心和科学的方式来教育、引导和帮助学生的成长与进步。只有对班主任的领导行为进行深入而系统地分析与研究，才能使其在理论上和实践中相得益彰，才能真正有助于班主任在解决班级管理出现的问题时充分发挥领导才能。

教师的班级领导力的发展也受到教育领导理论的推动。教育领导理论的突破性发展是美国教师领导力提出的重要理论背景。尤其是道德领导、教学领导、分布式领导理论都为教师领导力的发展提供了强有力的理论根基。20世纪七十年代之后，英、美、澳教育领导与管理研究的突破性发展，已使得单一简化的领导与管理方式逐步走向了多元融合的模式，淡化了学校教育管理中

"管"的成分，而实则更注重人的主体地位及价值诉求，为教师班级领导力的提升提供了可能。传统领导理论有效运用的前提根植于组织所具有的等级性，领导是在等级鲜明的组织中实现对其中各个成员的有效管理。而当下，组织的多元化发展模式，已经使得传统官僚体制的结构弊端日益凸显，因而实施分布式领导的呼声也日益强劲。所谓"分布式"就是指"通过一种最好的方式使组织中所有层次的所有人都能成为领导"。分布式领导被认为是能力建构的核心，分布式领导模式采用集体领导的形式，鼓励教师之间的合作，以促进教师的专业发展，它强调团队精神或团队中个人之间的合作，使所有组织成员都贡献自己的聪明才智。此外，正如埃尔莫尔所指出的那样，教学是知识密集型的劳动，像学校这样的组织，如果不将领导的职责大量分配到组织的各个成员身上是很难完成其纷繁复杂的工作的。这是在这种情势下，教师的领导力对于激励和引导教师共同致力于学校的教育教学改革所能发挥的巨大作用就显得不可估量。因而，发展教师的领导力就意味着教师领导不仅仅是作为领导者的教师在课堂内和课堂外实施领导。他们也认同团队中其他教师和教师领导者，并为之做出贡献，同时他们还对其他人施加影响以改进学校教育实践。更为重要的是，教师领导应发展成为一种系统的领导力，通过要创造一个所有组织成员共同工作和学习的环境，大家在这样的环境中共同构建起组织的价值体系并深化对组织的认识，一起为了某个共同的目标而奋斗。可以看出，这些理论观点对于教师的班级领导力建设具有重要的理论与实践意义。

相关链接 4-3 [①]

21世纪的领导者需要更伟大的教师领导力。在一个瞬息万变的时代，不能将领导和管理问题看作是高层人员的专门领域。国外研究显示，在效能高的学校，其领导力通常不只局限于高层管理团队，而是扩展到学校的其他群体之中，这些学校一般具有不同层次的领导力。在最近一项关于有效领导的研究中得出的最一致观点是，领导权威不一定只在于领导者个人，而是分散于整个学校，分散于各个组织成员之间。富兰认为，领导者以无所不能的英雄形象来实施学校管理并不能奏效。自上而下的指令和激励是推进学校改进的外部力量，但这在一定程度上还不够强大，还不足以形成动力机制以促使全体组织成员致力于学校改进。未来，学校的成功与否将取决于领导者能否挖掘出组织内部人力资源的潜力，能否提升自身的内涵和领导意识，能否构建一支富有责任感的团队。成功的学校变革需要全体教师一起共同构建，重视教师之间的相互学习

---

① 杜芳芳：《教师领导力：学校变革的重要力量》，载《教育发展研究》，2010(18)。

和相互协作，从而探索和创造出共同的信念。因此，学校领导者要赋予学校教师切实的权力和职责，将领导力在组织成员之间进行恰当的分配，这样的话，更有可能唤醒学校内部的变革动力。

二、班级领导力的内容

众所周知，学校办学的有效性是通过许多人的行为产生的，尤其是教师的行为。这就意味着，虽然校长或学校的主要领导者对学校效能和学校的发展具有十分重要的作用，但不可忽视的是教师领导力对于学校和学生的改进则显得更为直接和重要。而在教师群体中，班主任则是一支身份特殊、意义非凡的队伍，有效地发挥班主任的班级领导力无疑才是能否凸显教师领导力的关键所在。而首要的则是对班主任潜藏的班级领导力所涉及的主要内容有较为明确的把握。如上所述，领导力就是领导者与追随者相互作用的合力，是领导者追随者为实现共同目标而迸发的一种思想与行为的能力。领导力就是领导者带领团队实现共同目标过程中所表现出来的内涵品质和外在能力的综合。班主任的班级领导力同样具有一般领导力的基本特质，就是班主任在班级管理过程中体现出来的人格魅力和外在的班级管理方法策略的总和。具体体现为班主任通过自身的人格影响，借助于制度和规范的力量，营造有利于团结进取的氛围，准确判断具体班级中的各类教育问题，并据此做出最佳决策，采取恰当的方法，调动班集体的积极性，克服其中的消极因素，迈向班级共同目标。

总的说来，教师或班主任的班级领导力主要分为职权领导力与非职权领导力。既体现为权威、职权等构成的班主任的正式领导力，更离不开班主任个性魅力的感染作用。职权领导力是每个班主任都具有的。担任了班主任，就承担了更多的对某个班级及班级全体学生的教育责任，拥有更多的对学生进行考核、奖惩和评价的权力，这就使得班主任在学生心目中有更高的权威与影响。非职权领导力则是来自班主任的人格魅力、丰富的知识、以及才能、情感等因素。不同的班主任其个人影响力是不一样的。一般来说，一位敬业爱生、勤于思考、善于管理且具有出色的教育智慧和艺术的班主任能够赢得更多的教育威信。

在职权领导力与非职权领导力之中，我们认为，更重要的是班主任的非职权领导力。因为任何规章和纲领，任何人为设置的组织都不能取代教育事业中的人格力量。培养与提升班主任的个人影响力，主要应从专业伦理、专业知识与专业技能三方面入手。

第一，塑造班主任的专业伦理与专业信念。毋庸置疑，班主任工作事务多，负担重，责任大。因此，班主任工作是一种神圣而艰巨的事业。它对班主任的专业素质要求较高。其中尤为重要的是班主任的专业伦理和专业信念。一分耕耘，一分收获。班主任工作的实际成效很大程度上取决于其对教育的信念和奉献精神。朱自清在他的《教育的信仰》一文中曾经大声疾呼："教育者须对教育有信仰心，如宗教徒对于他的上帝一样；教育者须有健全的人格，尤须有深广的爱；教育者须能牺牲自己，任劳任怨。我斥责那班以教育为手段的人！我劝勉那班以教育为功利的人！我愿我们都努力，努力做到那以教育为信仰的人！"①所以，班主任要加强品德修养，严于律己，注意自己的言行举止，起好的表率作用。凡事以身作则，才能赢得学生的敬爱。

第二，建构班主任的专业知识。班主任的专业知识内涵十分丰富。主要包括作为学科教师的精深的学科专业知识；作为班主任角色的班主任专业知识，这里的班主任专业知识主要指的是教育学、心理学、社会学与管理学等专业知识。一名合格的班主任应当首先是一名合格称职的学科教师。一名不能胜任学科教学的班主任，其对学生和班级的教育影响力会大打折扣，班主任自身学科教学的优劣势必也会影响到班级管理的水平和效果。教育学、心理学的专业知识对于一般教师来说是必不可少的，对于承担着更大责任的班主任来说，就显得更加重要了。当然，在班主任的专业知识中，最为直接的知识当属与自身工作最为直接相关的班主任理论与实践知识。这一方面需要班主任加强自身理论素养的修炼，尤其是注重职前系统的理论学习，另一方面，还需要班主任自己在实践中亲历、感受、体悟、历练和铸就班主任工作实践中的默会知识和实践智慧。

第三，发展班主任的专业能力。作为一名班主任，仅仅只有班主任的职业精神和职业信念，具备了从事班主任的知识准备还不够，班主任还必须掌握从事班主任实践工作的实际本领和专业能力。班主任的专业能力很多，根据班主任工作的主要内容，可以分为：了解和研究学生的能力、对学生进行心理辅导的能力、处理偶发事件的能力、协调各种关系的能力、营造良好班级文化气氛的能力、班主任工作反思能力、终身学习与持续发展能力等。

上述教师的班级领导力体现在班级管理的方方面面，既体现为对正常教育教学的日常管理，又体现为对班级突发事件的应急处理；既体现为出色的工作执行中，又体现在提高人际沟通的技能，从而与学生和同事建立起信任、友好

---

① 朱自清：《教育的信仰》，载《春晖》，第 34 期，1924 年 10 月 16 日，引自刘铁芳主编：《新教育的精神——重温逝去的思想传统》，第 234 页，上海，华东师范大学出版社，2007。

的关系；既体现为对班级组织发展状况的诊断分析，又体现为对班级未来发展的规划和展望，等等。

自 2006 年 12 月起，我国建立中小学班主任岗位培训制度。今后凡担任中小学班主任的教师，在上岗前或上岗后半年时间内均需接受不少于 30 学时的专题培训。2006 年 12 月底之前已担任班主任工作，但未参加过班主任专题培训的教师，需在近年内采取多种方式进行补修。[①] 并就班主任职前与职后的专业情感、知识与能力等做了具体的要求，这些都在制度上为教师的班级领导力构建与提升提供了保证与支持。

相关链接 4-4

班主任与教学——班主任一定要做智育的行家里手，卓越的教学能力是班主任的第一资本、看家本领。

班主任的心态——班主任工作是永远年轻的事业，只有保持年轻人的心态，才能确实做好教书育人的工作。

班主任的讲台——三尺讲台，三尺办公桌，班主任培养出多少叱咤风云的英才，演绎出多少催人泪下的育人诗篇；但是班主任千万别将自己拘泥于三尺讲台，三尺办公桌，而应思通千载、视通万里，心存天下事、胸怀大千世界。

班主任与科研——德育科研可以长智慧、出办法、增实效，引班主任工作由必然王国走进自由王国，谁能拿起德育科研，谁就可以做自由王国的国王。

班主任与名——班主任要立志做学者型的班主任、专家型的班主任，要敢于走出学校、走向全区、走向全市、走向全国，勇于做名闻天下的班主任。[②]

三、班级领导力的特征

(一)基础性

教师们作为学校全体成员中一个庞大的群体，无疑是推动学校变革的巨大动力。相比于传统领导理论将领导力等同于身份、权威和职权，只着眼于高层中某一个人的"英雄式"领导而言，教师群体所表现出的班级领导力则更具基础性。这种基础性一方面反映在班级领导力的培育主要根植于广大教师群体之中，分散于整个学校，分散于学校组织成员之间，因而这呈现的是一种集体性的领导力。无疑这与集中于高层权威的单一性领导是显然不同的。这种领导力

---

① 《教育部办公厅关于启动实施全国中小学班主任培训计划的通知》，见全国中小学班主任培训计划，教育部网站：http://www.moe.edu.cn/，2006 年 8 月 31 日颁布。

② 这是全国优秀班主任张万祥的经典语录，选自王枏：《优秀的人生导师——著名班主任是这样炼成的》，第 38 页，北京，高等教育出版社，2010。

已经远远超越了某个人或某个职位，而更为凸显团队合作的组织文化之重要意义。就另一方面而言，教师的班级领导力往往于日常的教育教学、班级管理的点点滴滴中体现出来，相比于高层领导者主要关注的是学校的重大决策、发展战略规划而言，还是有一定的差异的。班级领导力凸显于更为实际，与学生具有更为直接的关联性。

（二）综合性

教师的班级领导力不是单一的某种能力，而是具有综合性特征。这主要体现为以下两个方面。从教师班级领导力的内部构成要素分析，教师班级领导力体现为教师所拥有的知识、能力以及情感等多方面因素共同构成的综合影响力。从教师班级领导力的实施途径而言，教师的班级领导力体现为教师在班级管理的内部与外部起着沟通桥梁的作用，是在与学生、同事以及家长等多样化群体的互动中共同作用而形成的一种综合性的影响力。

（三）动态性

阿尔玛·哈里斯曾极力主张，将领导力视为一个可变的、随着管理的需要而出现的事物，而不是一成不变的一种现象。这表明领导力不仅表现为一系列的个性特征、技能才干和行为方式，更为重要的是在社会交往中和进行有目的的合作过程中于不同的情境中所呈现的动态化的领导过程。因而，教师的班级领导力无疑正是体现在班级动态化的各项活动之中，潜藏于学生日常的学习生活的细微之处，由此可见，这种领导力具有极强的情境性。因而我们不难发现，这是对身为班主任的教师提出的更为严峻的挑战，因为复杂而琐碎的日常事物要求教师在处理中善于灵活应对，避免一层不变的死搬硬套，这不仅需要科学化的管理更需要艺术性的领导。

（四）可塑性

领导力本身就是可塑的和随时可能发生的，而不是固定不变的现象。教师的班级领导力源于教师的持续性专业发展，更源于班级日常教育教学中不断地反思实践以及学习和工作中经验的不断积累与丰富。因而，教师的班级领导力是从潜在的状态得以不断激发而塑就的过程。在这一过程中不仅是教师个人的潜能得以自我实现，更使得学校信任协作的文化得以生成。教师的发展有助于学校的改进，而学校的完善又转而进一步为教师领导力的提升提供了广阔的空间。

四、班级领导力的价值

教师领导者在学校中所承担的许多不同角色体现出这种新型领导所具有的

独特价值。已有学者的研究就曾指出教师领导者既体现为学生或其他教师的领导者，又是日常事务的领导者，还是决策制定或合作过程中的领导者。教师领导力对于教学方法、校园文化和教学质量都会产生积极的影响作用。可见，教师的班级领导力的价值无疑正蕴藏在教师领导者的多样角色之中。从宏观和微观的视角可见，教师的班级领导力价值主要体现为：

（一）宏观而言，有助于变革现有班级领导方式，提高班级管理效能，促进学校发展

如前所述，中小学班主任是班级工作的组织者、班集体建设的指导者、中小学健康成长的引领者，是中小学思想道德教育的核心，是中小学教师队伍的重要组成部分，是沟通学校、学生、家长之间的桥梁，是全面实施素质教育的重要力量。长期以来，国家教育部、各地教育行政部门和中小学校都高度重视班主任队伍的建设，并明确指出班主任不能单凭主观经验、热情和干劲去工作，要依靠科学的领导与管理理论来指导实践活动；班主任的素质与业务管理水平要符合社会的发展与进步，要符合教育的发展与改革，如此以来才能真正变革现有学校中存在的传统单一的领导方式，实现学校与班级的可持续发展。已有的大量研究也已证实，教师的班级领导力能够提高学校与班级管理效能，促进学校改进和发展。并且，教师的班级领导力的培育意味着赋予教师参与学校与班级领导的机会，这对于调动教师的工作积极性与改善学校中人际关系等起着潜移默化的积极影响。

（二）微观而言，有助于提高学生学习成绩，促进学生全面发展，提升教师的专业素养

提高学生的学业成绩无疑是当下所有教育的利益相关者都极为重视和关切的中心问题。很多研究中也都涉及学校中领导力的发展与学生成绩间关系的探讨。有的研究者甚至极力主张领导力和学生学习成绩的提高正如同算数等式的两边，两者是呈现线性发展的关系。但是随着研究的进一步深入，我们已日渐意识到学校中的领导力是一个复杂的概念模型，它与学生成绩间的关系也非简单的线性相关。唯有对学校中领导力模型进行细致分析和架构才能真正找寻到与学生成绩紧密相关的不同领导力的关键意义。而班主任的领导力正是学校领导力模型中最为微妙却意义非凡的领导力形式。由于班主任身份的特殊性，日常工作的多样性，与学生接触的紧密性，使得班主任对于学生的学习产生了更为直接的影响作用，班主任最易于把握住学生的发展现状和了解到学生学习中遇到的问题和困境，也能够有力地及时帮助学生解决问题，鼓励其不断进步。《国家中长期教育改革和发展规划纲要（2010－2020年）》中明确指出："坚持以

人为本、全面实施素质教育是教育改革发展的战略主题，是观察党的教育方针的时代要求，其核心是解决好培养什么人、怎样培养人的重大问题，重点是面向全体学生、促进学生全面发展，着力提高学生服务国家服务人民的社会责任感、勇于探索的创新精神和善于解决问题的实践能力。"从"坚持德育为先、坚持能力为重和坚持全面发展"三个方面指出了我们的教育培养目标。但是，现有的学校教育却偏离了这一轨道，长期以来，我国的学校教育强调的是应试教育，在高考、中考的指挥棒下，片面追求分数和升学率，忽视了学生的道德教育及各种能力的培养。班级管理仅仅围绕学习展开，重智轻德的现象严重，使得学生的兴趣、爱好和个性发展被淹没在题海中，造成"高分低能"、"高分低德"的现状。班主任作为班级的组织者、管理者和领导者，班主任的领导行为决定着师生间的关系，制约着班主任的管理水平，更对学生的全面发展产生深远的影响。因而，班主任要以自己的全部品质和知识才能直接或间接地影响学生；可以通过培养班集体，形成巨大的教育力量；可以通过协调校内外各种教育因素，使他们形成教育合力。只有充分发挥班主任的领导能力，才能有助于实现教学目标，提高学校效率；有助于维持班级秩序，形成良好班风；有助于锻炼学生能力，学会自我管理。

第三节　提升班级领导力

一、班级领导力的影响因素

教师班级领导力的成功挖掘受到众多因素的影响，例如教师领导者与其他教师的关系，学校管理方式的特征等。归纳可见，如下因素对于教师的班级领导力的培养是至关重要的。

（一）"共同愿景"是发展班级领导力的前提

"共同愿景"本意是共同分享的、共同愿望的景象。学校的共同愿景是建立在学校及其成员价值和使命一致基础上而普遍接受和认同的共有愿望或理想。共同愿景是由相互渗透的组织目标、价值观、使命感组成的。明确而清晰的学校共同愿景是学校建设的首要任务。它告诉我们学校的发展方向、具体要采取什么样的措施以及学校打算要把学生培养成什么样的人等。共同愿景本身就是一种强有力的领导替身，它有助于学校成员对学校的发展过程和未来景象抱怨简单的信念，进而愿景为之不懈奋斗，它在全体成员中发挥着强大的指导、凝聚、激励与规范的作用。而培养和发展教师的班级领导力正是为了教师个体或群体在完成学校教育教学任务的同时始终以实现学校的共同愿景为终极追求。并使班级领导的过程始终与学校的发展方向相一致，使共同愿景成为成功实施教师班级领导的关键组成部分，进而加速和提升教师的班级领导能力。与此同时，教师班级领导力的培养本身就需要全体教职员工之间的相互学习和协作，通过建构的方式形成的领导力使得组织中的个体学会调节自我和主动超越自我，从而探索和创造出共同的信念，并不断反思自己的工作，深化对自我价值的深入理解。由此可见，教师班级领导的过程就是发展领导力的过程，更是全体教师实践共同愿景的过程。因而，可以说构建共同的愿景就意味着全体成员能够享有共同的目标和价值观，这正是开发教师领导力的核心所在。

（二）"赋权增能"是发展班级领导力的基础

研究已表明，要想在学校中开发出真正的教师领导力不仅需要教师自身的不断努力和追求进步，还需要扫除组织的障碍。传统的结构性的领导模式和自上而下的领导模式在现代学校的管理中仍然是主流，教师在学校中的地位不高且缺乏正式的职位权力的现状也大多没有改变，这种状况无疑对教师的发展造成了不小的阻碍。因而，上级领导愿意放弃自己的一定权力，教师群体中愿意接受同伴担当某个领域中的领导就成为了教师领导力开发的基础。同时在教育领域，教师赋权增能与西方学校重建运动中所宣扬的分化精神一脉相承。对教师赋权增能是出于这样的认识：教师应该是教育改革的主导者、行动者，而不应被视为学校教育改革的对象。教育管理者应交出一些权力与教师或班主任共享，让他们在权力行使中增强实践能力，而不是被动地成为"技术操作员"的身份。让教师参与决策关键在于真正实践教师的自主性，而不是作为一种操控的手段，以最大限度地榨取教师的工作激情和成果为主要目标。而这将严重威胁到学校的长期健康发展，也无助于教师整体素质的提升。而教师的班级领导力的发展本身就建基于教师领导在班级中的分布与共享，如此以来，将所有的班主任都整合进领导行列中，使所有的班主任都有机会共享领导权力、共担领导责任，进而不断强调班主任的归属感。当然这种"赋权增能"也绝非意味着学校高层领导要放弃全部的或十分关键的领导权，对学校的发展听之任之。其实最为主要的是学校领导者对于教师的班级领导力的开发要给予真正的和充分的关注和支持。

（三）"合作共享"是发展班级领导力的关键

事实上"教师领导"的本质，不在于关注"谁领导谁"，而是参与各方的平等地位。同事间强有力的互助关系才是确保教师领导力健康发展的重要支柱。因而教师的班级领导力的发展关键要能营造出合作共享的氛围，班级领导过程中与教师、学生、家长等群体间的合作、交流与共享的理解性对话，才是领导力的核心所在。这种对话将促成主体间知识的形成，是持续的交流、反复的协商，是求同存异，形成共同愿景的建构过程。因而，合作是教师领导的核心特征，合作不仅能在共同完成任务的过程中相互学习，而且在合作中能够创造出新的知识，能够实现知识的转化。从领导的结构来看，教师的班级领导应是多元互动的过程，正是通过相互合作来使彼此的专业知识得以提升。在分权和协作的教师领导活动中，教师或者班主任们公开了专业知识、理念和实践，以合作的工作方式实现集思广益。通过合作，组织中的任何成员都可以贡献自己的想法，同时成员可以在不断地协商理解中形成集体智慧的结晶，并达成共识进一步推动其付诸实践。由此可见合作的潜力是不可低估的。而合作机制的形成则离不开教师或者班主任构建起相互信任的关系，成员之间唯有加强互动才能增进理解、深化彼此间的情感，进而更为积极地共同致力于学校或班级的发展之中。

（四）"持续学习"是发展班级领导力的根本

班级领导与管理的复杂性与多变性，要求教师或班主任应具备广博的文化知识、精湛的专业知识和关于领导与管理方面的专门学识。这些知识的整合与系统化才能促成真正的内化，并使其转化为能力。因而教师的班级领导力的培养作为教师专业发展的重要趋势，有赖于持续性的专业学习，教师的专业发展应是一个持续不断的进程，引领教师的整个职业生涯，将教师在职训练、教职员发展和学校经营发展都容纳进去。持续的学习有助于丰富教师的学识、开拓眼界、积累经验，使其有更多历经成功领导的机会，进而提高教师的自我效能感，有更大的勇气和信心承担领导工作。

二、提升班级领导力的途径

班主任领导力开发的路径与方法很多，根据领导力开发的一般路径及班主任工作的特点，我们认为提升班主任班级领导力的途径主要体现为以下几个方面：

（一）激发教师的班级领导意愿，提升教师的班级领导能力

教师的班级领导力的提升首先在于班级领导意愿的激发。喜欢、愿意做班主任，乐于从事班级管理工作是做好班主任工作的前提。如今在一些学校中虽然有部分学校领导意识到发展教师班级领导力的重要性，但是由于一些现实原因，在实际的推行中常常遇到来自教师群体的抵制和不配合，这样一来，教师

的班级领导力就无法真正得以开发出来。而究其原因，其根由还是在于教师们往往对班级、班主任、班级领导力的重要性缺乏足够的认识，因而在实际工作中也就难以有意识地培养和发展自己这方面的能力。在一些学校中，教师的班级领导力的推行过于表面化，使得一些思想进步善于接受新鲜事物的教师在付出努力后却看不到应有的成果而气馁从而失去信心。而要激发教师的领导意愿，就要增强教师的领导意识和信心，从根本上提高教师的班级领导与管理动力。因而，既要赋予教师班级管理的权力，使教师明确自己班主任的地位，又要赋予班级管理实践的机会，使教师在自我价值体现中增加自我效能感和责任感。

当然，教师要成为领导者，仅仅具有领导意愿是不够的，还必须具备一定的领导知识与能力。因而，学校应提供给班主任丰富而多样的专业发展机会，要立足于教师的班级管理实践，尊重教师的实践性知识，改变教师只是被动接受变革专家的"先进"理念，被动吸收与自己教育教学与班级管理实践有相对差距的知识，而应高度重视将教师个人与团队经验的不断内化，使得班主任成为反思的实践者。班主任要在现实的工作过程中通过与同事合作、观察学生反馈、听取上级意见等方式来不断吸收和强化各种班级领导技巧，使其不断发展其人际关系、角色转换、语言沟通、情感表达、敏锐洞察、情绪控制、冲突处理等多方面的班级领导技能和艺术。

（二）建设班级管理的专业团队，构建信任的合作平台

塑造教师良好的班级领导力建基于优秀的班级管理团队。要让学校的班级管理结构符合提升教师领导力的条件，即建构一种促使教师共同决策和合作共享从而有效地促进教师专业发展与提升班级管理成效的学校结构，简单地说，就要构建扁平化的班级管理的组织结构、建设班级管理的专业团队，构建互相信任的合作平台。

我国中小学学校是一种典型的"自上而下"的科层"金字塔式"的集权结构，带有等级性质，有着严格清晰的职位划分，这一学校结构对教师班级管理的实施有着许多负面的影响。因而必须打破严密的组织等级制度，创建一种有利于教师和班主任合作的组织结构，否则就会阻碍教师班级领导力的形成和教师班级领导活动的开展。构建扁平化的结构，可以使学校领导与班主任之间的距离更近，联系更加直接与紧密，可以使校长更多地了解一线班主任的合理需要和真实体验，促进上下级不断沟通、达成共识。在扁平化的组织结构中，组织变得灵活、敏捷、柔性和富有创造性，教师们有较大的自由度和自主的权力，给教师之间交流合作提供可能性，促进教师的参与热情，以便教师积极参与到共

同决策中，有利于知识共享与创新。

学校组织扁平化有利于"班级管理专业团队"的组建。要提升教师领导力必须坚持以教师为主的合作，即这种合作不是以外控为基础的合作，而是以教师作为实践中的主体。有学者的研究证实，如果教师之间有机会相互合作并从中受益的话，他们的智慧就会在这些点滴的经验中得到日积月累的发展，并且能够在此过程中相互分享个人的成长经验。因此，这种合作的模式能给学校带来新的活力和强大的发展后劲。学校有意识地为教师和班主任提供组建社团的平台，吸引教师在各种社团中相互学习、相互沟通、相互合作，同时充分发挥教师的个性特点和潜能，把教师个人的培养与整个团队的发展相融合。教师班级领导的成功与否极大程度上依赖于教师作为班级领导者和同事间的关系，而对话与交流是构建和谐人际关系的有效举措。如果能够创造更多的合作平台，加强班主任之间工作上的联系，增加他们之间对话与交流的机会，将会有力推动班级合作文化的建设。鉴于此，学校应积极创设班主任的交流空间、确保班主任的交流时间，如此才能帮助教师作为班级领导者学会进行班级科学规划，合理利用各种资源，勇于班级管理实践。

也就是说，教师的班级领导力常常是在合作的环境中更容易得到开发，而这种合作是多元化的。既可以是正式的合作，也可以是非正式的合作。哈格里夫斯在其已有的研究中就曾总结了合作的多种优点。他认为教师能够以任何形式进行合作和创新，教师要提高自身的专业技能和适应瞬息万变的环境就必须进行创新，而构建合作的关系网正为教师提供了适应创新的空间。显然，这对于教师的班级领导力的提升同样具有意义。

(三)建立班级领导的共同愿景，打造内外支撑的发展环境

如前所述，共同愿景是提升教师的班级领导力的基本条件。因而，提升教师的班级领导力需要打造具有共同理念和共同愿景引导下的合作的学校文化，文化的变革才能为教师领导力的发挥创造一种支持性的氛围，才是推动学校改革持续发展的关键所在。应把对教师的班级领导力的培养深入到学校文化之中，使之成为学校使命和文化的一部分，才能使得教师的班级领导力的发展有一个和谐而适宜的成长空间。

在班级管理方面，要形成学校的共同愿景，首先要趋同教师们的班级管理理念，关键就是要使学校或班级各方面的活动或者各项任务之间相互协调、统筹发展。一些关乎班级发展动向与班级全体成员利益的重要决策会议应组织教师、学生、家长等积极参加，民主决策，使全体成员及时了解到学校与班级发展的最新动态，并欢迎他们建言献策，开诚布公，最终形成一个大家都普遍认

可与接受的愿景。

　　除此之外，教师班级领导力的发展也离不开外部的支持。这不仅需要学校给予大力的支持，还需要力争外部资源的支持。就内部而言，学校不仅要提供一定的财物等资源，更重要的是挖掘团体与人力资源。如上所述，为了促进教师间的合作，就要在教师之间构建一种积极互依的关系，培育教师的合作精神，制定合理的合作制度，最大限度地保障教师间的合作活动，最大可能地挖掘教师间的合作潜能。而就学校外部而言，要与地方教育当局、校外社区、家庭和联盟学校以及建立伙伴关系的大学等不断交流学习，才能有助于使教师们真正体会到环境对于激发集体创造力和班级领导力的巨大作用，才能积极投身到自身领导力的培育中来。

相关链接 4-5：任小艾的班主任工作艺术

　　任小艾的班主任工作艺术，主要在于"一则"、"二感"、"三言"、"四通"、"五心"、"六法"。

　　一则：就是坚持教育为主的原则，循循善诱，谆谆教导，以爱动其心，以严导其行。对学生的严格要求要用尊重、民主、平等与信任等方式来表达。二感：就是班主任教师的责任感和使命感，对于本职工作要有责任感，对教育事业要有使命感。责任感能督促人充实今天，使命感可激励人创造明天；有了责任感，就会把工作做得出色，有了使命感，就会把你的眼光投向远方，投向未来。三言：对于班主任工作与学科教学要做到三句话，即"没有不合格的学生，只有不合格的教师"；"没有教不会的学生，只有不会教的老师"；"教师最大的成功与快乐是培养出值得自己崇拜的学生。"四通：就是要掌握四个方面的知识与技能，通晓班主任工作；通晓学科教学；通晓相关学科；通晓教育科研。五心：爱心、信心、专心、恒心与虚心。"五心"是班主任工作的法宝，也是班主任工作成功与否的关键，作为班主任老师，只要对教育事业对自己的工作具备这"五心"，就不会因为遇到一点挫折和困难而停止不前，也不会在就要成功的时候半途而废，还不会因自己取得一点成绩时就盛气凌人。六法：一是优良环境的感召法，一种优良的环境与集体能够感召学生愿意到学校来，愿意到班级来，愿意参与你的教育教学与管理；二是虚功实做的导行法，班级思想教育工作多是务虚的工作，靠空洞的说教效果不好，学生看不见摸不着容易厌烦，要把道理寓于行动与活动之中；三是捕捉兴奋点的磁性法，善于捕捉学生兴奋点的班主任老师，班主任工作能产生磁性，能深深吸引住你的学生；四是抓住教育时机的功倍法，善于抓住教育时机的老师，班主任工作常常产生事半功倍的效果；五是"三位一体"的互促法，班主任老师要调动起学校、家庭、社会三者的力量，使三者成为一个整体共同参与教育；六是自我教育的内驱法，班主任要让孩子在学校完成由他律到自律的转变，使孩子能够自我教育、自我管理。①

相关链接 4-6：《中小学班主任工作规定》

第一章　总　则

第一条　为进一步推进未成年人思想道德建设，加强中小学班主任工作，充分发挥班主任在教育学生中的重要作用，制定本规定。

第二条　班主任是中小学日常思想道德教育和学生管理工作的主要实施者，是中小学生健康成长的引领者，班主任要努力成为中小学生的人生导师。

班主任是中小学的重要岗位，从事班主任工作是中小学教师的重要职责。教师担任班主任期间应将班主任工作作为主业。

第三条　加强班主任队伍建设是坚持育人为本、德育为先的重要体现。政府有关部门和学校应为班主任开展工作创造有利条件，保障其享有的待遇与权利。

第二章　配备与选聘

第四条　中小学每个班级应当配备一名班主任。

第五条　班主任由学校从班级任课教师中选聘。聘期由学校确定，担任一个班级的班主任时间一般应连续 1 学年以上。

第六条　教师初次担任班主任应接受岗前培训，符合选聘条件后学校方可聘用。

第七条　选聘班主任应当在教师任职条件的基础上突出考查以下条件：

（一）作风正派，心理健康，为人师表；

（二）热爱学生，善于与学生、学生家长及其他任课教师沟通；

（三）爱岗敬业，具有较强的教育引导和组织管理能力。

第三章　职责与任务

第八条　全面了解班级内每一个学生，深入分析学生思想、心理、学习、生活状况。关心爱护全体学生，平等对待每一个学生，尊重学生人格。采取多种方式与学生沟通，有针对性地进行思想道德教育，促进学生德智体美全面发展。

第九条　认真做好班级的日常管理工作，维护班级良好秩序，培养学生的

---

① 摘自任小艾报告：《教师素质与班主任工作艺术》，见 http://www.xinli110.com/education/zyzx/jzzy/200712/74185_5.html。

规则意识、责任意识和集体荣誉感，营造民主和谐、团结互助、健康向上的集体氛围。指导班委会和团队工作。

第十条 组织、指导开展班会、团队会(日)、文体娱乐、社会实践、春(秋)游等形式多样的班级活动，注重调动学生的积极性和主动性，并做好安全防护工作。

第十一条 组织做好学生的综合素质评价工作，指导学生认真记载成长记录，实事求是地评定学生操行，向学校提出奖惩建议。

第十二条 经常与任课教师和其他教职员工沟通，主动与学生家长、学生所在社区联系，努力形成教育合力。

第四章 待遇与权利

第十三条 学校在教育管理工作中应充分发挥班主任的骨干作用，注重听取班主任意见。

第十四条 班主任工作量按当地教师标准课时工作量的一半计入教师基本工作量。各地要合理安排班主任的课时工作量，确保班主任做好班级管理工作。

第十五条 班主任津贴纳入绩效工资管理。在绩效工资分配中要向班主任倾斜。对于班主任承担超课时工作量的，以超课时补贴发放班主任津贴。

第十六条 班主任在日常教育教学管理中，有采取适当方式对学生进行批评教育的权利。

第五章 培养与培训

第十七条 教育行政部门和学校应制订班主任培养培训规划，有组织地开展班主任岗位培训。

第十八条 教师教育机构应承担班主任培训任务，教育硕士专业学位教育中应设立中小学班主任工作培养方向。

第六章 考核与奖惩

第十九条 教育行政部门建立科学的班主任工作评价体系和奖惩制度。对长期从事班主任工作或在班主任岗位上做出突出贡献的教师定期予以表彰奖励。选拔学校管理干部应优先考虑长期从事班主任工作的优秀班主任。

第二十条 学校建立班主任工作档案，定期组织对班主任的考核工作。考核结果作为教师聘任、奖励和职务晋升的重要依据。对不能履行班主任职责的，应调离班主任岗位。

第七章 附 则

第二十一条 各地可根据本规定，结合当地实际情况，制定中小学班主任工作的具体实施办法。

第二十二条　本规定自发布之日起施行。

【关键概念】

班级　班集体　班主任　领导力　班级领导力

【复习与思考】

1. 学完本章后，请认真分析与梳理，思考教师的班级领导力的知识与能力架构。

2. 请结合《中小学班主任工作规定》，制定自己的班级领导力发展方案。

【推荐阅读】

1. [英]阿尔玛·哈里斯，丹尼尔·缪伊斯. 教师领导力与学校发展. 许联，吴和文，译. 北京：北京师范大学出版社，2007

2. 班华、高谦民. 今天，我们怎样做班主任·中学卷. 上海：华东师范大学出版社，2006

3. 万玮. 班主任兵法. 上海：华东师范大学出版社，2004

4. 周明星. 成功班主任全书. 北京：人民日报出版社，1999

5. 钟启泉. 班级管理论. 上海：上海教育出版社，2001

6. 周晓静. 中学班主任. 南京：南京师范大学出版社，2008

7. 齐学红. 班级管理. 武汉：武汉大学出版社，2011

8. 魏书生. 班主任工作漫谈(修订本). 北京：文化艺术出版社，2011

【实践园地】

教师领导力系列实践(四)——我的班级领导力发展方案

通过阅读和访谈，我对班级领导力的理解

我的优势与不足

提升教师班级领导力的途径

第五章　教师的科研领导力

【本章重点】

• 理解科研对教师专业发展的意义

• 把握科研领导力的内涵及体现

• 掌握科研领导力的影响因素及提升途径，初步形成发展科研领导力的意识和能力

• 认识教师科研领导力在"科研促教""科研兴校""科研强师""科研惠生"中的价值，并能从实践角度提出自己的见解

案例导入：《给教师的一百条建议》之九十五（苏霍姆林斯基）

教师不仅把自己的知识传授给儿童，而且也是儿童精神世界的研究者，需要在复杂的脑力劳动过程和人的个性形成过程中从事一些研究工作。只有善于分析自己的工作的教师，才能成为得力的、有经验的教师。在自己的工作中分析各种教育现象，正是向教育的智慧攀登的第一个阶梯。

研究工作对教师来说，并不是什么神秘莫测和高不可攀的东西。不要一提研究就感到害怕。就其本来的基础来说，教师的劳动就是一种真正的创造性劳动，它是很接近于科学研究的。这种接近和类似之处，首先在于它们都需要分析事实和有预见性。一个教师只要善于深入思考事实的本质，思考事实之间的因果联系，他就能预防许多困难和挫折，避免一种对于教育过程来说很有代表性的而又非常严重的缺点——即令人苦恼的意外情况。学校里经常有多少这样的意外情况在发生，它们又在怎样破坏着教学和教育工作的正常进行啊！一个学生，本来都认为他表现得很不错，忽然间发生了流氓行为。一个孩子在四年级以前学习得挺好，突然他开始落进不及格者的行列里去了。如果一个教师，能够根据对于事实的分析，预见到他的学生在明天，在一年以后，在三年以后将是什么样的，那么这种意外情况就会大大减少。缺乏预见的教师工作，对教师本人来说会变成一种痛苦的差使。

向教师指出在日常工作过程中进行一些创造性的研究的可能性——这是学校领导的任务之一。每一位善于思考事实和分析事实的校长都能胜任这项任务。我建议，要让教师学会从事创造性的研究，首先应当从告诉他们观察、研

究和分析事实的方法着手。事实——这是教育过程的客观规律性的现实的反映和表现。为了看出(一)生活本身所提供的东西(儿童是带着他客观具有的特性和特点来到学校的),(二)教师所做的工作,(三)已经达到的结果,这三者之间的规律性的研究者。无论就其本身的逻辑来说,就其哲学基础来说,还是就其创造性来说,教师的劳动都不可能不带有研究的因素。这首先是因为,我们所教育的每一个作为个体的人,他在一定程度上就是一个充满思想、情感和兴趣的很特殊的、独一无二的世界。如果你想让教师的劳动能够给教师一些乐趣,使天天上课不致变成一种单调乏味的义务,那你就应当引导每一位教师走上从事一些研究的这条幸福的道路上来。这里有一个校长对每一位教师进行个别工作的无限宽广的场地,这里有收获和发现,也有欢乐和痛苦。凡是感到自己是一个研究者的教师,则最有可能变成教育工作的能手。

不过要补充说明一点:这里谈的并不是严格意义上所指的那种科学研究工作。一个教师可能在创造性地进行工作,但他并不从事那种从研究事实中引出科学结论的意义上所说的研究。我们在这里所指的是研究一些这样的问题,这些问题虽然在教育科学上已获得解决,但是当一个创造性地工作的教师一旦成为理论和实践之间的中介人,这些问题就经常以新的方式出现在他的面前。这里说的是在我们的工作中由于其性质本身而有必要进行的那种创造性研究。这种研究能丰富教师集体的精神生活。在我们学校里,10多年来,每一位教师都在研究教学和教育过程的某一问题。研究的题目举例如下:男女青年道德理想的形成;学习新教材时的思维过程的积极化;美育和智育;随意注意和不随意注意;一年级学生善、恶观念的形成,等等。

读者可能要问:是否每一个教师集体都有能力做到这一点呢?是否可以向教师们提出这样的目标,即在教学和教育间的相互联系,就必须善于分析事实的本质?

教育现象——这是上述三种因素的合乎逻辑的共同体和统一体。教师的劳动只有在这样的条件下才能成为创造性的过程,而教师本人也只有在这样的条件下才能成为积极作用于学生个性的力量,就是他不仅确认一切正在发生的事,而且他本身要去积极地影响教育现象,去创造教育现象。教师在观察、研究和分析事实的基础上去创造教育现象,这正是创造性研究的最重要的因素——预见性之所在。不研究事实就没有预见,就没有创造,就没有丰富而完满的精神生活,就不会对教师工作发生兴趣。不去研究、积累和分析事实,就会产生一种严重的缺点——缺乏热情和因循守旧。只有研究和分析事实,才能使教师从平凡的、极其平凡的事物中看出新东西。能够从平凡的、极其平凡的、司空见惯的事物中看出新的方面、新的特征、新的细节——这是创造性的劳动态度的一个重要条件。同时，这也是兴趣、灵感的源泉。如果教师没有学会分析事实和创造教育现象，那么那些年复一年地重复发生的事情在他看来就是枯燥的、单调乏味的，他就会对自己的工作失掉兴趣。而如果教师没有兴趣，那么学习对儿童来说就会变成枯燥的事情。教育经验的实质，也就在于教师每一年都要有些新的发现，而在这种发现新事物的志向中，也才能发挥教师的创造力。

低年级女教师 M.H. 维尔霍汶尼娜从事创造性的研究工作已经 10 多年了。她在校务委员会的会议上，在区和州的讲习班上做过几个报告，后来这些报告被发表在学术性的刊物上（但发表从来不是主要目的）。在刚开始从事研究工作的时候，她和其他的教师相比，并不显得有什么特殊的根底。实际工作中有一个重要的问题使她非常关心——即儿童的学前训练和家庭里的智育、德育问题。有些孩子在入学的时候眼界非常狭窄，语言极其贫乏，这给教师带来了不少苦恼。但是这些事实的原因何在，回答这个问题却并不那么容易。我建议这位女教师：研究一些事实，分析一下儿童在入学时具备的概念、表象的范围，研究一下儿童的思维特点，同时，也要仔细地观察家庭的精神生活情况，了解儿童在他的有意识的生活中迈出最初几步时所处的智力的、道德的和审美的环境。

初步地研究、观察和对比事实，进行了好几个月。女教师把每一个儿童的智力发展状况跟其父母的兴趣、文化修养和知识眼界做了对比。当观察进行到第一学年末的时候，这位女教师已经得出了儿童的智力发展依赖于家庭的文化修养的结论。这些结论说明，必须及早地关心儿童的入学前的训练。女教师找那些有孩子在下一年将要入学的家长们谈话。谈话的内容涉及如何丰富家庭的精神生活，来扩大儿童的表象、概念、兴趣的范围。家长们接受了女教师关于建立家庭藏书、让学前儿童阅读儿童读物的建议。在新生入学前的好几个月里，女教师就把自己未来的学生召集到学校里来活动，并且带领他们到田野里去、到河边去。这是一项有趣的、创造性的劳动，它的意义就在于扩大了儿童的眼界，丰富了他们的积极词汇，发展了他们的思维。女教师维尔霍汶尼娜把自己的科学研究的结果概括成一篇文章，在共和国的一份杂志上发表了。现在这位女教师正在研究思维过程迟缓的儿童。她学会了观察，学会了研究和分析事实，学会了把本质的东西跟次要的东西区分开来。她从学生的学习劳动中看到一种教育现象，它的根源不仅在于生活给予了学校什么，而且在于教育者付出的积极的劳动。经过研究和分析事实，为女教师进行思考、做出结论和概括提供了丰富的材料。这是一项真正的创造性研究，它是每一个愿意思考的教师都能做到的。

创造性研究的意义，不仅在于教师看到了、研究了以前没有被人注意到的教育过程的某一个方面。创造性研究还能从根本上改变教师对自己工作的看法。教师就不会再把教育工作看成是每天重复着同样的事情，是把完全一样的讲解、巩固等做成枯燥乏味的表演了。因循守旧、消极应付、缺乏热情——学校生活中所有这些不良现象之所以在一些地方蔓延滋长，就是因为那里的教师没有看出教育现象的生机蓬勃的生命力，没有感到自己是教育现象的创造者。

从内涵上看，前几章中介绍的教学、课程、班级领导力都与教师的日常教育教学密不可分，属于教师本职工作的传统范畴。相对来说，本章将介绍的科研领导力则是比较新的概念。在 20 世纪八十年代之前，科研往往被看作是专家、学者、专业研究者的工作，与教师的日常教育教学之间没有直接关联，所以很少有关于中小学教师开展科研工作的探讨，更不用说教师的科研领导力了。而如今科研已成为中小学教师日常工作的重要组成部分，"课题研究""校本研究""行动研究"已是教师工作计划的重心；"科研兴校""科研促教""科研强师""科研惠生"已成为中小学校的办学方针；"研究型教师""科研型教师""专家型教师"已被纳入师范院校的培养目标。可以说，教师的科研能力及科研领导力已是新时代教师必备的专业素养之一，是教师专业化发展的必然要求。

在学习科研领导力这一概念之前，我们有必要先了解什么是教育科研，并明确教师与教育科研之间的关系。

第一节　教师与教育科研

一、教育科研（Educational Research）

科研即科学研究，《现代汉语词典》将研究解释为"探求事物的真相、性质、规律等"；科研的英文是"re-search"，其中前缀 re 是"反复"的意思，search 是"探索"的意思，科研就是"反复探索"。

教育科研与自然科学等领域中的科学研究一样，是一种系统的探究活动，旨在探索教育教学的规律性，以解决重要的教育理论及实践问题为导向。作为科学研究的一个分支，教育科研必须运用一定的科学方法、遵循一定的科学程序，对教育活动进行有目的、有计划地认识和探索。根据以上几点，我们可以将教育科研定义为：教育研究者借助教育理论，以教育教学现象或问题为研究对象，运用先进、科学的教育思想和方法，有意识、有目的、有计划地探索教育教学本质和客观规律，并解决教育教学中现实问题的认识活动和实践活动。教育研究者只有不断探索、认识和掌握教育教学的真相、性质、规律等，才能够按照教育规律进行教育教学，才能够解决教育教学过程中出现的问题，从而达到预期的教育教学目的。

（一）教育科研的分类

根据不同的分类标准，教育科研可以划分为不同的类型。以下是几种常见的分类。

1. 按照研究目的划分，教育科研可以分为探索性研究、叙述性研究、因果性研究三种类型

探索性研究是一种对研究对象或问题进行初步了解，以获得初步印象和感性认识，并为日后更为周密、深入的研究提供基础和方向的研究类型，常为小规模的研究活动。

描述性研究又称叙述性研究，其研究目的是正确描述事物和现象的全貌和具体特征，其任务是收集资料、发现情况、提供信息，概括出杂乱现象之中的规律和特征。

解释性研究也称因果性研究，主要探索某种假设与条件因素之间的因果关系，即在认识现象及其状况的基础上，进一步探寻现象背后的原因，揭示现象发生或变化的内在规律。对于这种因果关系的研究有实验与非实验两种。

2. 根据研究内容划分，教育科研可以分为基础研究、应用研究两种类型

基础研究是指为获得关于现象和可观察事实的基本原理及新知识而进行的实验性和理论性研究，主要目的在于探索和创新知识，扩展和完善基本理论。

应用研究是指为获得新知识而进行的创造性研究，应用基础理论研究的成果解决实际问题。

3. 按照研究性质划分，教育科研可以分为定量研究和定性研究两种类型

从研究的逻辑上看，定性研究是基于描述性的研究，它在本质上是一个归纳的过程，即从特殊情景中归纳出一般的结论。定性研究侧重并依赖于与对事物的含义、特征、隐喻、象征的描述和理解。

定量研究主要收集用数量表示的资料或信息，通过对数据进行量化处理、检验和统计分析，获得有意义的结论。定量研究侧重并更多地依赖于对事物的测量和计算。

（二）教育科研的过程

无论哪种类型的教育科研，都有一个基本的过程。开展教育科研本身是一项创造性的活动。这一活动的第一步就是发现、选择和确定研究课题。研究课题一般来自教育教学实践，也可来自对他人教育科研成果的研究分析。研究者若想了解所确定的课题是否值得研究，是否适合自己研究，他人的相关研究开展得如何，还存在什么未解问题等，都需要相应的文献材料来佐证，因此就进入活动的第二步——查阅文献，收集与自己研究课题有关的种种资料，以备后用。此时，研究者要设计出一个科研方案。一般来说，科研方案包括课题名称、目的和意义、研究方法及步骤、成果形式、研究条件等内容。在根据方案开展研究的过程中，研究者会收集大量数据资料，这就是第三步——收集资料。收集来的各种数据资料，反映着与所研究课题相关的各种现象，研究者必须透过现象找出本质和规律，因此对收集到的数据资料需要进行必不可少的整理和分析，这就是第四步——整理和分析资料。之后通过对数据资料的整理和分析，得出相关的结论，这便是教育科研的第五步——推导结论。第六步，研究者通过报告或论文等形式汇报研究结论，展示科研成果。

（三）中小学教育科研的任务

中小学教育科研是针对中小学基础教育教学的科学研究，其主要任务包括：

第一，总结中小学教育教学经验，特别是教师在教育教学实践中形成的有效的、值得推广的经验。研究者通过研究使这些经验形成体系，为更多的学校和教师提供有效的借鉴，使更多的教育教学活动从中受益。

第二，研究中小学教育教学发展。研究者通过研究对中小学教育未来发展趋向进行探讨，为学校、教师制定发展远景规划提供有效的参考。

第三，探索中小学教育教学改革。研究者通过对组织形式、课程设置、教育教学评价模式等教育现象进行研究，提出更有效的运行模式和改进建议。

第四，揭示中小学教育教学规律。研究者通过对中小学教育教学问题、现象、各种因素之间的关系进行研究，从而发现其中的规律。

（四）中小学教育科研的主体

从上述中小学教育科研的任务来看，研究者的任务重大。这里的研究者即中小学教育科研的主体，是能够积极主动地、有目的地、合乎规律地从事中小学教育教学领域内的研究活动的人。从当前的中小学教育科研队伍组成来看，一是专业的教育科研人员，包括高等院校的教师及研究机构的科研人员；二是中小学教育行政人员；三是工作在中小学教育实践一线的广大中小学教师。

中小学教育科研是针对中小学教育教学领域的未知问题进行探究、做出解答的科学研究。而谁对这些现实教育问题最有发言权呢？当然是中小学教师。所以，在教育科研中，中小学教师扮演着十分重要的角色，而且随着教育改革的深入发展，教师越来越成为教育科研的主力军。以教师为中小学教育科研主体，注重教师研究队伍与专业研究者及学校行政人员研究队伍相结合，才能使中小学教育科研真正广泛、深入地进行，顺利完成教育科研的各项任务。

二、"教师即研究者"（Teacher as Researcher）

在中小学教师的职业生涯中，传统的教学活动和科学研究是截然分开的。长期以来，人们似乎已经习惯了这样一种对于教育科研的理解：教育研究是专家、学者、专业研究人员的工作，他们研究出的结果向教师推广，然后由教师接受和实施，教师的主要任务就是教。这种理解将教师在教育科研中的角色定位为被动的旁观者、消费者，而不是作为主体的研究者。但是，随着教育改革的不断深入，人们越来越认识到，没有研究的教学，充其量只是一种机械的劳动，只有当教学与研究交融在一起、教师将研究成果转化为行为时，教学行为才有了更高理性的内涵。

教师的工作应像律师、医生等职业一样被视为一种专门职业。早在1966年，在巴黎召开的联合国教科文组织大会就通过了一项《关于教师地位的建议》，明确教师职业为一种"专业"，指出"教师经过严格而持续不断的研究才能获得并维持专业知识及专门技能"。由此可见，教师职业的专业性之一就体现在教师的研究上，研究是实现教师成为专业人员、成为研究者的前提条件，也是教师持续发展、职业生命焕发光彩的基础。

（一）"教师即研究者"的理念

20世纪六十年代，英国课程专家斯腾豪斯（Stenhouse）最早提出了"教师即研究者"。这一理念来自于"专业人员即研究者"的启示，其基本假设是教师有能力对自己的教育行动加以省思、研究和改进。教师开展科学研究并成为研究者，并不是教师在教育教学之外的工作，而是教学与研究的统一，是以教师为研究主体、以教育教学实践中的实际问题为研究内容、以改进教育教学实践为研究目的的系统的、有目的探究。[1]在斯腾豪斯看来，"教育科学的理想是，每一个课堂都是实验室，每一名教师都是教育科学共同体的成员。"[2]

---

① 王艳霞：《教师成为研究者——基于一所中学的个案研究》，第87页，北京，北京师范大学出版社，2011。

② 高慎英：《教师成为研究者："教师专业化"问题探讨》，载《教育理论与实践》，1998(3)。

"教师即研究者"实质上是教师从"教书匠"向"研究型教师"或"专业型教师"的转型，是对教师提出的更高要求，是促进教师专业发展的必由之路。在过去的几十年里，"教师即研究者"已成为国际上流行的教师专业化的口号。有的人甚至将"教师即研究者"当作了教师专业化的同义语，认为是否参与教育研究以及是否具有较强的教育科研能力，是区分专业教师和非专业教师的根本标志。在许多中小学校，常规的评选优秀教师的标准逐渐被评选具有现代教育要求特征的"研究型教师"所取代，要求教师具有一定的科研能力，能在教育实践中发现、提出、分析和解决问题，并能自觉地运用先进的教育思想和方法指导实践，并取得良好的教育效果。这种改变传统的优秀教师评定标准的做法，被教育界一些专家认为是推动教师专业化转变的有益探索。

（二）教师参与科研的意义

教育科研是中小学教师工作的重要组成部分，参与研究是教师专业成长的一种方式，是促进自身发展、提升专业化水平、提高综合素养的生命之基、力量源泉。中小学教师作为学校科研工作的主要责任人，应该担负起历史的责任，响应时代的呼唤，以教育的科学推动科学的教育，积极投身教育科学研究活动，发挥自身在教育科研活动中的主体性及影响力，推动学校科研工作有效的展开，实现"科研促教"、"科研兴校"的目标。

中小学教师参与科研、成为研究者有其重要的实践意义：

第一，有利于解决教育教学实际问题，提高教育教学质量。中小学教师是教育教学实践的主体，也是教育科研的主体，教师研究者的研究课题多来源于实践，目的在于改进实践。

第二，有利于了解教育规律，提高教育理论水平和创新能力。中小学教师参与科研可减少对"教育研究"的神秘感，破除对"研究"的迷信，增强对自己教育教学的理性解读能力与变革能力。

第三，有利于了解教育发展的趋势，不断更新教育观念。参与科研的中小学教师，通过学习理论、开展调查研究，对教育本质、教育目标和教育方针的理解更加深刻，有助于树立正确的教育观、学生观和质量观。

第四，有利于促进教师专业成长与发展。中小学教师的角色从"经验型"转向"科研型"教师，从"教书匠"教师转向"学者型"教师，才能不断提升教师的自我更新能力和可持续性发展能力。

第五，有利于增强教师职业的乐趣和价值感、尊严感。参与科研的中小学教师不再是以往单纯的"知识传授者"，角色提高到具有一定专业性质的学术层次上，使得教师工作获得"生命力和尊严"，职业生命更具意义。①

（三）教师科研的特点

中小学教师进行的科学研究以改进实践为基本取向，具有实践性和应用性的特点，与专业研究者的研究有所不同。教师是教育实践活动的主要承担者和实施者，其关注的焦点往往是实际问题的解决。所以，教师的科研主要是在具体的教育实践过程中展开的，是对学校教育教学活动的科学性干预，是一种实践性的研究活动，源于实践并指导实践。因此，教师科研的优势不在于理论研究和基础研究，而在于应用研究；研究的目的主要是为了解决教育教学过程中的实际问题。正因为如此，行动研究成为教师科研的首选。

三、教师的行动研究（Action Research）

教师是解决教育教学中的问题的行动研究者和教育教学实践的改进者，行动研究固有的本质、特征和过程表明，开展行动研究是一种提高教师专业素质、提升教师科研能力的有效途径，是中小学校需要大力推进和开展的研究。

（一）教师行动研究的理念

把"行动"和"研究"两者结合起来表述为"行动研究"是 20 世纪三十年代的事情。美国的柯利尔在 1933 年至 1945 年担任美国印第安人事局局长期间，安排专业人士和非专业人士结合一起研究改善印第安人和非印第安人关系的方案。在这一过程中他得到启发，认为专家研究的结果还须依靠实际工作者执行和评价，倒不如让实际工作者根据自身的需要，对自身工作进行研究，或许效果更好。他称此法为行动研究法。的确，专业性的研究需费较长时日，注重实际应用者等不了取得研究结果后再来解决实际问题。所以对迫切需要解决的问题，难以采用全面研究的方式。合适的做法是就已有的资料提出改革措施，边实施，边观察分析结果，随时调整修改行为。行动研究法对解决实际问题的适宜性使它得到推广，迅速发展。

在教育领域中，行动研究是适合于教师开展的应用研究，它强调中小学一线教师为研究主体，针对学科教学和班级管理中所遇到的种种问题，在校外专业研究人员的指导下进行诊断和分析，找出问题产生的原因，制订解决问题的具体计划和方案，并对实施结果进行评估。如此循环往复，使教师的教学和管理行为不断得到改善与提高，使教师的教学工作与科研活动一体化。行动研究既是一种方法技术，也是一种新的科研理念、研究类型。

① 高尚刚，徐万山：《中小学教师课题研究指导》，第 2 页，北京，中国轻工业出版社，2008。

教师开展行动研究必须实现"三个转化"。首先是问题课题化，教师在实际的教育教学工作中，要敢于针对自己的实践提出问题，并且要善于提出问题，然后将所发现的"问题"转化为"课题"来进行研究。其次是行动研究化，这是教师行动研究的核心部分，即将针对教育教学行为的改革行动转化为研究的过程，将"行动"与"研究"两者结合起来。最后，教师要将总结成果化，行动的效果不仅仅是问题的解决，教师需要对之加以提炼，使之升华为行动研究的成果。

（二）教师行动研究的内涵和特点

教师的行动研究是教师从实际工作需要中寻找课题，在实际工作过程中进行研究，与专业研究者共同协作，使研究成果为自己理解、掌握和应用，从而达到解决实际问题，改变教育教学行为目的的研究方法。它是通过实践来使我们自己和别人的想法与理论得以检验和理论化的过程。

所谓行动研究，诚如卡尔（Carr）和凯密斯（Kemmis）所说，"是社会实践者为提高自己的实践的合理性与正当性，增进对实践及其得以进行的情境的理解而采取的自我反思探究的一种形式"。其基本模型是"计划—行动—观察—反思"。按照行动研究的要求教学，教师就要而对新的教学问题，提出假说，并应用科学方法，通过教学实践检验假说，直到解决问题。这意味着教师同时扮演着研究者的角色，进行着创造性的劳动。

和一般教育科学研究相比，教师的行动研究有以下几个特点：

第一，研究主体是教育实践工作者。广大的中小学教师是行动研究的主体，是研究者，同时也是研究成果的应用者。教师的行动研究虽然可以自己独立进行，但通常以合作方式开展，通过与专业理论研究者进行协作，取长补短，发挥行动研究的最大作用。

第二，问题来源于教育教学实践。行动研究是以问题为中心的研究形式，研究问题直接来源于教师自己的教育教学实践，是教师自己的直接经历和感受。因此，教师在行动研究中必须广泛收集信息，发现问题，研究问题。同时，由于行动研究者关心的是自己在实际工作中面临的问题，所以行动研究中作为研究对象的样本也是特定的，不必具有普遍的代表性。

第三，改进教育教学实践是首要目标。行动研究务求解决教育中的实际问题，根本目的在于某个人或某团体自己的实践的改善。行动研究把解决实践问题放在第一位，同时也对已取得的成功进行理论上的探讨，对行动过程和行动的效果也进行理性思考。在实践的基础上，在一定的范围内做出自己的理论贡献。"改进"是行动研究的主要功能，它既要解决教育实践中产生的问题，也要提高教师的教育教学质量和研究水平。

第四，在行动中研究。教育科学是一个复杂、多变的动态性工作过程，它是教师的基本工作，因此，教师要经常对行动过程中的问题进行反思，要在日常的学校生活和真实的课堂教学环境中边行动边研究。一些专业研究者也会参与教师研究的问题，他们能发现研究过程出现的一些新问题，这样中小学教师就可以在专业研究者的指导下随时调整计划、完善行动，使教育教学工作过程成为一个研究过程，使研究过程成为一个理智的工作过程，达到研究和行动的完美结合①。

（三）教师行动研究的步骤

行动研究自产生以来，人们对其实施的具体步骤提出了很多不同的看法。其中，最为主流的就是"四环节行动研究模式"。

英国学者凯米斯（Kemmis）认为，行动研究是一个螺旋式发展的过程，每一个螺旋发展圈都包括了四个互相联系、互相依赖的环节：计划、行动、观察和反思。计划是指以大量事实和调研为基础，制订"总体计划"和每一步具体计划，研究者可以依据认识的不断深入和实际情况的变化来修改计划；行动是指计划的实施，是行动者有目的、负责任、按计划的行动过程，这一环节也可以根据其他研究者、参与者的监督观察和评价建议进行不断地修正和调整；观察是指对行动的过程、结果、背景以及行动者的特点的考察；观察既可以使行动者本人借助于各种有效手段对本人行动的记录观察，也可以是其他人的观察。反思则是一个螺旋圈的的终结，又是过渡到另一个螺旋圈的中介。在反思环节中，在对观察到的、感受到的与制订计划、实施计划有关的各种现象加以归纳整理的基础上，对行动的全过程和结果作出判断评价，并为下阶段的计划提供修正意见。

根据实践的进程，教师行动研究也可以概括为八个基本阶段：①界定需要研究的问题；②提出假设；③文献探讨；④修正研究问题；⑤确定研究程序；⑥选择资料评估的办法；⑦进行研究；⑧资料整理。②

第二节 科研领导力的内涵、现状及体现

通过以上介绍，我们应对教师开展教育科研的必要性及其重要意义有所了

① 范诗武：《新世纪教师专业能力与教育行动研究》，载《外国教育研究》，2003(5)。
② 周耀威：《教师行动研究与教师专业发展》，载《全球教育展望》，2002(4)。

解，下面将探讨教师的科研领导力概念及相关知识。

一、科研领导力的内涵

教师的科研领导力是教师领导力的重要内涵，是教师关于科研的意志和才能并通过各种方式引起学校其他教师作出预期反应的能力。科研领导力是一种专业领导力，是教师通过自身的专业能力和专业权威的提高而获得的在科研领域的示范作用、引领作用以及专业话语权，它在本质上是教师非权力作用在教育科研中的人格表现。

教师的科研领导力是教师把握学校教育的科研使命，并动员人们围绕这个使命奋斗的一种能力。科研领导力不单是某一个方面的能力，而是教师综合素质的反映、各种能力的总和。

二、科研领导力的现状

(一)科研是教师的新使命

教育改革和新课程的实施，向教师提出了更高的要求：必须具备高素质的教育科研能力，成为"科研型教师"、"研究型教师"。《中小学教师职业道德规范》明确指出，教师"要提高教育教学和科研水平"，教师良好的科研水平是推动自身教育教学工作不断发展的核心因素之一。《中共中央关于深化教育改革全面推进素质教育的决定》中指出，教师要"遵循规律，积极参与教学科研，在工作中勇于探索创新"。《国务院关于基础教育改革与发展的决定》也强调："积极开展教育教学改革和教育科学研究……。广大教师要积极参加教学实验和教育科研。"可见，科研已成为教育改革赋予广大中小学教师的新使命。

(二)教师的个人科研素养有待提升

目前，虽然教师科研开展得如火如荼，甚至出现了教师"人人有课题、个个出论文"的场面，但教师科研素养不高的状况是客观存在的。最主要的表现是科研意识不强；科研能力不足；科研功利化和形式化，脱离教育教学实践；科研层次低，以经验总结代替科学研究，缺乏科学的方法和技巧；科研创新性不强，从表面上机械地模仿其他研究者的做法，缺乏对科研核心精髓的领会；科研动力不足，有的教师视科研为"洪水猛兽"，完全迫于压力，应付了事。这种种现象造成许多教师的科研成果没有能教育教学实践产生推动作用，不能获得大家的认可，从而严重影响了教师科研领导力的发挥。

很多学者指出了中小学教师科研存在的问题，郑金洲教授曾撰文指出，中小学教育科研存在"有行动无研究、有研究无成果、有成果无转化、有方法论无具体方法、有定性无定量、有叙事无提炼、有课题无问题、有师本无校本、有分析无元分析"等基本问题。也有人批评"中小学课题研究是'三多一少',即课题数量多、课题经费多、参与成员多,但能够解决实际问题的课题少"。还有人指出"大同小异的'经验总结';名不副实的'教育实验';穿靴戴帽的'教学理论'和急功近利的'浮躁心理',是目前教师教育科学研究的不良习惯。"①更有人对中小学教育科研提出了深度质疑:"许多学校轰轰烈烈地展开了教育科研工作,从表面上看,教育科研在学校里是一派繁荣、硕果累累。但事实上,在这些美丽泡沫的背后,真正意义上的教育科研又有多少呢?"总之,中小学教育科研成效低下已是一个不争的事实,而部分原因就是因为有些教师的科研素养不高。

(三)教师对领导力的认识存在一定偏差

当今有一部分教师对领导力没有一个明确的认识,很多人认为科研领导力的主要表现就是把自己的科研搞好,往往只重视"单打独斗",埋头自己作科研,而对科研的合作性和协作性关注不够,不重视发挥教师团队的科研力量。

三、科研领导力的体现

中小学教师的科研领导力主要体现在以下几个方面。

(一)彰显教育科研素养

中小学教师的教育科研素养是指中小学教师进行教育科研时在科研意识、理论知识、科研能力、道德素养等各方面展现出的素养。这些科研素养具有潜在性和积淀性,以内隐的形态存在于人的潜能之中,有一个知识积累,不断内化,逐渐发展的过程。当教师进行教育科研时,这种内在的潜能就被激发出来,转化为现实的能量和外显的行为。具体表现在以下几个方面:

1. 走在教育科学前沿

具有科研领导力的教师具有很强的科研意识,有自我反思和批判的意识、有教育教学改革的热情,有开展教育科研工作的积极性,有了解科研、从事科研的需求和内在动机。他们了解教育领域中关于如何提高教学有效性、如何促进学生学习的最新动态和最新科研成果,并在自己的教育教学工作中恰当地应用这些最新科研成果。

2. 行动者

具有科研领导力的教师具有很强的科研能力,包括发现问题的能力、信息收集和处理的能力、科研规划和组织的能力、开拓创新的能力、成果总结的能

---

① 摘自顾泠沅 2004 年教育笔记。

力以及撰写科研论文的能力等。他们以教育科学的基础理论为武器，用科学的态度和方法来研究学校教育教学工作，从中探索具有普遍意义的教育规律。

3. 终身学习者

教师成长的速率和水平与教师在学习上的投入成正比。具有科研领导力的教师树立"终身学习"的观念，他们不断学习，从理论中学习，从学科中学习，从实践中学习，向同行学习，向专家学习，向社会学习，向教育对象学习，在学习中不断接受新的教育观念，充实完善自己的教学思想，适应日益变化的教育形势。

4. 具备科研的道德素养

科研的道德素养是指由科学性质所决定并贯穿于科学活动和科研工作之中的基本的精神状态和思维方式。具有科研领导力的教师具备务实求真、脚踏实地的精神，严谨治学、一丝不苟的态度，尊重人格、发扬民主的作风，批判继承、大胆创新的科研品质。

(二)引领和帮扶同事开展科研

教师自身的科研素养会对身边的同事起到隐性的示范、导向、引领作用。同时，具有科研领导力的教师也可以在很多方面为同事的科研工作提供帮助，使教师在同伴互助中获得共同发展。以下是美国教师领导力探索协会(Teacher Leadership Exploratory Consortium)列举出的具有科研领导力的教师的几项做法：

第一，帮助同事获取并应用本学科的最新研究成果，从中选择能够促进学生学习的恰当策略。

第二，协助对学生学习成果的分析，与同事共同解释分析结果，并将之应用于教学。

第三，协助同事分析有关学生学习的数据资料，与同事共同探讨分析结果，并将之应用到教育教学过程中，促进学生学习。

第四，在与高等院校及其他相关研究机构的合作过程中，支持同事的科研工作。

第五，指导并支持同事收集、分析和交流来自课堂的数据资料，实现教与学的改进。[①]

(三)组织和协作开展课题研究

1. 建立科研合作团队

具有科研领导力的教师清楚地明白，教育科研不是靠一己之力就足够的，

---

① 译自 http://www.teacherleaderstandards.org/the _ standards _ domain _ 2。

需要用集体的智慧来研究和解决教育教学中的问题。他们会通过课题研究的形式构建科研队伍，形成由多位教师共同参与的课题研究团队，并努力创造条件聘请校外的专家、学者、教研员加入。具有科研领导力的教师能够促进科研队伍中教师科研能力的成长。他们认真组织学习活动和研究活动，引导教师合作教学，鼓励教师合作研究，这样，教师在参与改革的过程中不断地更新教育观念，在合作交流中不断地去发现问题与解决问题，不断地变革教学方式，改善自己的教学行为，实现专业水平的提高，在教学改革实践中实现真正的成长，从而课题研究工作也得以快速推动和发展。鲁迅先生曾说："一所成功的学校，不是因为一大堆人各自做自己的事情，而构成的一个结果；而是因为有一群人向着共同的事业挺进，形成的一种效果。"同样，一项成功的课题研究，也需要一个合作团队共同努力。

2. 解决问题与制定决策

良好的计划和组织是课题研究取得成功的必要条件，具有科研领导力的教师担当课题负责人，建立课题研究团队管理制度。他们的领导责任主要有以下几个方面：①指挥。明确课题分项工作的顺序和时间安排，确保课题研究顺利进行，并协调各项活动以保持资源的平衡。②效率。明确团队教师的研究任务，解决研究过程中出现的问题，督促团队教师高效、优质地完成任务。③评价。采用形成性评价，在课题进行过程中根据评价提出改进意见，为决策奠定基础。④汇报。及时向校科研处推荐组内教师的科研论文、经验总结。

"决策的失误是最大的失误"，所以具有科研领导力的教师清楚地知道做什么研究、怎么做研究，找对科研方向，然后再组织大家努力向前。具有科研领导力的教师还清楚地知道由谁去做最合适，在课题研究过程中选材用人，实现人与人之间的相互适应，人与人之间的相互协调。

3. 促进有效沟通

课题研究实质上是一个开放民主的决策过程，需要团队成员的积极参与，因此创建一个有效沟通的环境就尤为重要。具有科研领导力的教师能够保证在任何可能的地方，让所有课题参与者都知道并参与讨论、计划、决策。同时，保证团队成员之间的定期交流与良性互动。

课题研究的成功需要一个与同行交流、与名师名家交流、与自己交流，开放的、心理相融的合作学习的宽松环境。只有在这样的环境中进行经常的、众多的信息交流，在各种思想的"兼容并包"中，才能产生新的理念，迸发新的思想火花。具有科研领导力的教师在研究过程中进行的沟通是有效的沟通，是及时、适时、多样化、个性化的沟通。他们还通过鼓舞、推动、改造、引领、鞭策、激励等方式对课题参与者施加正面的影响。

(四)推进校本研究课题的构建与规划

1. 营造教研氛围

具有科研领导力的教师自身积极敬业奉献，教学出成绩，管理出业绩，科研出亮点，并引导其他教师树立起"科研兴教"、"向科研要质量"、"教育要改革，科研需先行"、"教师是教育科研的主力军"等新观念，积极地开展丰富多彩的科研活动，使学校的学术研究持之以恒、有声有色。

2. 打造教研文化

具有科研领导力的教师把敬业奉献变成一种责任，把业务素养变成内在动力，把爱学生、爱教学变成发自内心的行动，最终自觉自愿自发地实施科研，将之升华成一种校园文化，从少数人参与向全员参与转变，从零散研究向重点突破转变，从注重数量向数量和质量并重转变。

3. 创设教研平台

具有科研领导力的教师会努力与校长的科研领导力有效结合，促使学校尽可能地为科研工作搭建平台。他们引导教师主动学习、合作教学，给教师一个专业成长的平台。他们促使学校鼓励教师外出学习、考察、培训，给教师一个开阔科研视野的平台。他们组织开展各类科研活动，如公开观摩课、赛课活动，加入课题研究，撰写论文等，给教师一个展示科研成果的平台。教师们只有参与到这些科研活动中，理论水平和研究能力才能很快提高，从而能够利用教学一线的平台，将自身研究的成果付诸实施。

第三节 提升科研领导力

一、培养科研领导力的意义

科研领导力是教师专业发展的必然要求。提升科研领导力能够减少教师的职业倦怠现象，给予教师更多的工作表现的机会、更多的自我价值实现的机会、更多的参与和行动、更快的职业发展。科研领导力，对于促进新时代教师的专业发展来说具有多方面的意义。

第一，是提高教学有效性的有力保证。科研领导力促进教师更好地思考教学、实践教学，有助于教师的观念更新，有助于教师对教育工作内涵与性质的深刻理解。

第二，是完善教师知识结构的有力保证。科研领导力促进教师夸大自己的认知领域，完善自身的知识结构。为了更好地发挥领导力，教师必须使自己的理论性、实践性知识系统化，时时了解科研动态，走在科研的最前沿。

第三，是促进教师专业成长的有力保证。科研领导力促进教师充分利用科研成果，形成自己的教学特色，成长为特色教师。

第四，是教师发扬主体精神和团队精神的有力保证。科研领导力有助于教师提升自我价值、培养主体精神，并充分发挥同伴互助在教师专业发展中的作用。

没有科研，就谈不上创新；没有创新，就谈不上开拓。教育科研有一种神秘的力量和魅力：凝聚力、开发力、引导力、提升力。科研领导力应该成为教师的一种追求：它在解决教育实际问题的过程中，能开发教师的创造力；能引导教师有效地追求教育的理想；能提升教师的品位、水平和能力；能在研究的基础上寻找到持续发展的生长点，从而逐步逼近学有专长、研有个性、教有特色的"名特优"教师的目标。

二、影响科研领导力提升的因素

教师开展科研并成为科研领导者，需要社会、学校和教师自身等多种因素和条件的协调一致。教师科研领导力的提升和发挥受很多因素的影响。

从主观上讲，教师对科研的认识和态度、理论素养、专业实践知识储备、创新意识、协作意识、科研能力及科研精神等都会影响到科研领导力。从目前来看，大部分教师的科研领导力不是很强，主要体现在缺乏科研意识、研究素养和研究能力不强等方面。

从客观上讲，教师的科研领导力需要学校、社会为教师营造良好的外部环境。在学校层面，学校要重视科研、响应教师的科研需求、创设有利条件，支持教师的科研活动，充分尊重教师的科研领导力。同时，学校要有科研的氛围、系统的科研工作评价机制、以及规范的科研管理条例，用制度来引导和规范教师的科研活动。

三、提升科研领导力的途径

教师参与科研解决实际问题、提升科研领导力，可以在以下几个方面创造条件。

（一）科研兴趣

科研领导力首先源自于对教育科研的热爱。只有热爱教育教学，热爱教育科研，才能在日常的工作中激发自己的内在动力，积极探索改进教育教学工作的研究。苏霍姆林斯基曾说过："如果想使教育给教师带来欢乐，使每一天上课不至于变成单调乏味的义务，就请你把每个教师引入研究的幸福之路。"

对于很多教师来讲，可能觉得自己所面对的日常工作很枯燥，觉得之所以要好好完成工作，那是因为任务分到了自己的头上。自己感觉就像一部大机器中的一颗螺丝钉，只需要认真履行自己的职责就行了。然而，这种"螺丝钉"精神不足以提高教学效率，也不能有效地鼓励科研活动。表面上看，教师的工作是平凡、单调甚至是机械的，但是科研可以使教育教学变成一种极富创造性的工作，当教师带着科学观察的眼光去审视自己所面临科研和教学问题的时候，将会感悟许许多多思考的乐趣，正如有学者所言：科研是教师幸福之源。

（二）科研意识

这里所说的科研意识包括问题意识和主体意识。

任何研究都是从问题开始的，没有问题，研究也就无从开始。教师在日常的教育教学实践中，应该有意识地培养自己的问题意识。培养科研领导力，首先要具有问题意识，善于发现问题。除了通过反思自己的教学实践来发现问题，教师还可以大量接触业内人士，积极参与课外学术活动，尤其是聆听知名学者的学术报告，了解学术前沿。在听取学者报告的过程中，就会吸取不同思想，通过分析比较不同的思想方法和各种流派，增强创新意识，提高科研领导力。

培养科研领导力，教师还必须要具有主体意识。教师开展科研活动应该是积极主动的，而不是被动、被迫的。因此，教师应该明确自己的研究者角色，了解科研对自己专业成长的意义，顺应新课程对教师提出的新要求，发挥自己的特长，集中各方面的优势，成为研究型教师，形成科研领导力。

（三）科研方法和能力

教师应该在具有深厚理论素养的同时，培养方法意识，掌握先进的科学研究方法，提高自身的研究素养和研究能力。如果不能为自己的研究工作选择科学的、恰当的、适合自己的研究方法，就会造成研究质量失去方法上的保障，研究结果就会缺乏信度和效度，教师的科研工作就难以跳出经验型、描述性的研究层次。

其实，每个教师都有从事教育科研、具备科研领导力的能力。教师处于教学的具体实践之中，能够深切地体会到专业研究者所不能感同身受的情境、问题、困难与需求，这是教师进行教育科研的无可比拟的优势。因为教师对教育的现状了解得最多，对存在的问题体会得最深，反应也最敏锐，在教学实践中有着丰富的第一手科学研究素材，有着取之不尽的课题来源，能够建构符合教育教学实践的研究结论。

（四）科研精神

精神是行动的先导力量，积极的精神能够激励教师的科研活动，促进科研领导力的发挥。科学研究是长期的、艰苦的劳动，有时需要巨大的付出，所以教师贵在努力，不能怕吃苦；遇到困难时，也一定要有坚强的意志与信念，正确对待困难和挫折，不轻言放弃。

对待科研严谨细致的态度也是对教师研究者最基本的要求，教师要实事求是地对待科学研究的结果，要明白科学容不得半点的虚假。

培养科研领导力，教师还需要具备创新意识。每一位教师都是具有创造潜能的主体、具有丰富个性的主体，教师在研究过程中要真正主动地、生动活泼地发展个性思维，在科研论文写作中充分开拓想象力，彰显自己的科研精神。

（五）领导知识、才能和情感

教师必须具备领导策略方面的知识和才能，即指导、倾听、沟通等交际方面的知识和才能。在这方面知识和能力的缺乏是导致教师科研领导力发展被搁浅的一个重要原因。有许多优秀的科研型教师，从教师领导力的角度进行分析的话，他们大多缺少的不是专业知识或科研能力，更多缺乏的是指导性知识以及交际等领导方面的能力。因此，从这个角度来讲，教师的领导策略方面的知识和才能对于教师发挥科研领导力而言显得更为重要。[①]

情感因素也是教师领导力构成的重要因素，它和知识、能力等起着同等重要的影响作用。因为教师的科研领导力在很大程度上受活动群体中"被领导者"的选择力、接受力与反作用力的影响，所以教师需要在群体合作中投入自己积极的情感，增强与群体中其他成员的亲密度，这样教师的沟通能力自然增强，发挥的领导力也更深远。

相关链接 5-1：具有科研领导力的中外名师八例

古今中外许多教育家都是在教育科研实践中产生的。他们原来都是普通的教师，长期从事教育教学，由于他们重视科研，边教学边研究，因此逐步成长为具有科研领导力的教育家。

1. 顾泠沅（1944 — ）

江苏吴江人。历任上海市青浦县莲盛中学数学教师、青浦县教师进修学校数学教研员、教研室主任、副校长，全国数学教学研究会副理事长。特级教师，享受国务院特殊津贴。在上海青浦县主持长达十年的数学教育改革实验，

---

① 李款：《教师领导力内涵》，载《现代教育论坛》，2009(7)。

包括 3 年全面调查、1 年经验筛选、3 年试验论证和 3 年推广应用，并进行了近十年的后续研究，摸索出大面积提高数学教学质量的有效途径，使青浦县农村中小学数学教学水平处于全市先进水平。多次被评为上海市劳动模范、全国劳动模范，并荣获全国五一劳动奖章。组织教改实验小组，根据农村教育实际，有效地提高中学教育教学质量。撰有《改革数学教学的一项实验研究》、《教学经验的筛选方法》等文。现兼任上海及全国教育科研、课程改革、教师教育等领域的多种职务。

2. 李吉林(1938 —)

江苏南通人。1956 年南通女子师范学校毕业后任教于南通师范第二附属小学至今。中学高级教师、江苏省首批特级教师、名教师，江苏情境教育研究所所长，兼任中国教育学会副会长，全国小学语文教学研究会第一届副理事长、江苏省教育学会第二届副会长，教育部中小学教材审查委员，享受政府特殊津贴。长期坚持教学改革，坚持情境教学的实验探究，创立了情境教育理论体系及操作体系，得到教育部领导及专家的高度评价，出版了《训练语言与发展智力》、《情境教学理论与实践》、《李吉林情境教学详案精选》等 6 本专著，发表 200 多篇论文计 300 多万字。这些科研成果先后荣获国家教委首届教育科学优秀成果一等奖、国家新闻出版署优秀教育图书一等奖等奖项。

3. 李镇西(1958 —)

四川乐山人。苏州大学教育哲学博士，语文特级教师、全国优秀语文教师，2000 年获"全国十杰中小学中青年教师"提名奖，2003 年获四川省成都市"中小学教育专家"荣誉称号。发表数百篇教育文章，出版著作十多部，多次获得国家级图书大奖。先后在四川乐山一中、成都玉林中学、成都石室中学、成都市盐道街中学外语学校担任班主任和语文教师，现任成都市武侯实验中学校长。被誉为"中国苏霍姆林斯基式的教师"。

4. 窦桂梅(1967 —)

特级教师，中学高级教师，国家"九五"重点课题语文教材编写组的编委及编写人员，国家"十五"课题"现代教学艺术研究"课题专家组成员，全国中小学整体改革专业委员会学术委员，全国反馈教学研究会理事，吉林省教育学会理事，吉林省青年教师研究会副理事长。提名全国中小学中青年"十杰教师"，先后获得全国模范教师、全国师德先进个人、全国教育系统劳动模范、三八红旗手、五四青年奖章等荣誉称号。原吉林市第一实验小学教师，后担任清华大学附小教师、校长。几年中阅读量达 300 多万字，记下了 20 多万字的读书笔记，50 多万字的文摘卡，10 多万字的教后小记，听了校内外教师 1000 多节课。在课程建设与实践开发中，所提出并倡导的小学语文主题课程理论与实践在全国产生很大影响。先后到过许多省市作经验介绍及观摩教学；出版多部个人专著。在团队建设与管理引领中，用思想学术引领学校，努力带领教师办一所令人难忘的、温暖的、卓越的学校。不仅引领清华附小教师成长，还引领区、市，及其他省市语文骨干教师提升专业修养和教学技能。为了学校的发展，加大"人才引进"、"科研课题"、"研修项目"、"专业成长"等方面的投入与培训，丰富了学校办学资源、开阔了教师视野，提升了教师精神品质，带出了一大批骨干教师和学科带头人。

5. 邱学华（1935 — ）

江苏常州人，中国当代著名的小学数学教学专家。1960 年毕业于华东师范大学教育系，曾任小学、大学、中学的教师和师范学校校长，兼任中国教育学会尝试教学研究会理事长、华师大兼职研究员、南师大兼职教授。由于创立尝试教学法的特殊贡献，1984 年被评为省特级教师，曾荣获教育部颁发的"全国第二届教育科学优秀成果二等奖"、江苏省"有突出贡献中青年专家"等称号，享受国务院政府特殊津贴。通过 40 多年的思考研究和教学实验，创立了具有中国特色的尝试教学理论。编著和主编 250 多本著作，在国内外教育杂志发表了 600 多篇论文。足迹几乎踏遍全国，作了 500 多场有关尝试教学的学术报告会，听众达到 30 多万人次，有 60 多万教师参与实验研究，受教学生达 3000 万。所创立的尝试教学理论和方法赢得了海峡两岸教师们的一致欢迎，在海外也产生了相当的影响力。

6. 魏书生（1950 — ）

中国当代著名教育改革家，28 岁到中学任教至今，由于成绩卓著，先后被评为省先进班主任、省劳动模范、特级教师、全国优秀班主任、全国劳动模范、全国中青年有突出贡献的专家、首届中国十大杰出青年。担任全国教学科学规划领导小组成员，中国中学学习科学研究会理事长，全国中语会副理事长。多年来，已在全国 31 个省、市、自治区和港、澳地区及马来西亚、新加坡、泰国、俄罗斯作报告 1500 多场，上公开课 600 多次，发表 100 多篇文章，主编、撰写 32 本著作。

7. 苏霍姆林斯基（1918 — 1970）

苏联著名教育实践家和教育理论家。从 17 岁即开始投身教育工作，直到逝世，在国内外享有盛誉。1936 年至 1939 年就读于波尔塔瓦师范学院函授部，毕业后取得中学教师证书。1948 年起至 1970 年去世，担任他家乡所在地的一所农村完全中学——巴甫雷什中学的教师、校长。自 1957 年起，一直是俄罗斯联邦教育科学院通讯院士。1968 年起任苏联教育科学院通讯院士。1969 年获乌克兰社会主义加盟共和国功勋教师称号，并获两枚列宁勋章、一枚红星勋章、多枚乌申斯基和马卡连柯奖章等。在长达三十多年的教育活动中，既当校长，又当普通教师；既教课，又当班主任；既从事教学具体工作，又坚持教育科学研究。善于观察，不断进行研究和积累，一生写下了 41 本教育专著、600 多篇教育论文，著作中大量生动活泼的事例均来自观察。被称为"教育思想泰斗"，专著被誉为"活的教育学""学校生活的百科全书"，所领导的巴甫雷什中学被列为世界上著名的实验学校之一。

8. 赞可夫(1901 — 1977)

苏联著名教育理论专家、心理学家，一生从事教育教学工作，把毕生精力献给了"教学与发展"问题的实验研究。从 1957 年至 1977 年，以"教育与发展"为课题，进行了长达 20 年的教育科研与教改实验，遍及 29 个省市 5000 多个教学班，对中学教学及其他手段的教学改革产生了广泛的影响。撰写了 120 多篇科研论文和 15 部著作，其中几本在苏联被誉为"教师必备书"。赞可夫的实验教学，就其时间之长、规模之大、影响之深远，可算得上是教育史上著名的教育实验之一。在国际上，赞可夫被誉为与布鲁纳、瓦根舍因齐名的当代教学论三大流派的代表。他的独特贡献在于，他将自己的教改指导思想付诸长期的实验研究，从而确实创立了一套他自己的实验教学体系。

【关键概念】

教育科研　教师即研究者　行动研究　科研领导力

【复习与思考】

1. 你认为教师的科研领导力与教学领导力之间有什么关系？请结合案例进行思考。

2. 中小学教师的教育科研与教育理论工作者的教育科研有什么不同？你认为教师参与教育科研有什么独特的优势和困难？

3. 从你的实际经历来看，你认为现实中教师的科研领导力存在哪些方面的问题和不足？应该如何提高科研领导力？

【推荐阅读】

1. 图书、期刊学习资源推荐

(1)李玉龙．教师科研理论与实务手册．长春：东北师范大学出版

社，2010

（2）郑金洲．教师如何做研究．上海：华东师范大学出版社，2007

（3）蒋泓洁、任红亮．中小学教育科学研究方法．北京：北京师范大学出版社，2010

（4）王丽琴、蔡方．从师范生到骨干教师——关于教育研究在教师专业成长中地位与作用的个案考察．当代教育科学，2004（3）

（5）［美］杰夫·米尔斯．教师行动研究指南（3版）．重庆：重庆大学出版社，2010

2. 网络学习资源推荐

（1）新教师科研网，http：//www. xjskyw. com/

（2）中国教师科研网，http：//www. zgjsky. com/heart. asp

（3）中国教育科研网，http：//www. cnjyky. com/

（4）中国教育先锋网，http：//www. ep-china. net/teacher/

（5）全国中小学教师继续教育网，http：//www. teacher. com. cn/

【实践园地】

　　　　教师领导力系列实践（五）——我的科研领导力发展方案

通过阅读和访谈，我对科研领导力的理解

我的科研兴趣和问题

提升科研领导力的途径

第六章　教师的同伴领导力

【本章重点】

- 理解教师同伴领导力的内涵，把握同伴领导力的核心要素
- 懂得教师同伴领导力是教师团结协作与学校和谐发展的重要因素，理解同伴领导力在学校教育、教师专业发展中的价值
- 掌握同伴领导力的影响因素，初步形成发展同伴领导力的意识和能力

案例导入：暑期培训有感①

今天聆听了我校周老师的报告，也反思了我平时的教育习惯。若所有的老师都像周老师那样，我想学生的个人修养将会是一个很大的提高。周老师抓住任何一个可以教育学生的细微处，从情感教育入手，加强德育实效性，让德育活了起来，变成了看得见、摸得着的教育。不随地吐一口痰，不乱扔垃圾，不说脏话，见到老师主动打招呼……只有建造一个优美的校园环境，才能孕育出具有良好素质的学生。

还有，孙书记在他的报告中举了两位老师的例子，特别是我们学校乔老师的例子让我很感动，作为一名女老师，同时又是班主任，始终以一颗真挚的心对待教育事业。教学业绩突出，所教班级学生成绩一直稳居前列。长期超额承担教育教学任务，丈夫遭遇车祸、婆婆身患疾病、孩子尚幼，却从没落下一节课。公平关爱每一个学生，坚信每一个孩子都是天使。先后资助多名贫困生，她认为：资助一个学生，就是帮助一个家庭。我非常钦佩乔老师的工作态度，还有乔老师的学习态度。教师应永不满足，追求卓越，任劳任怨，无怨无悔。对我们教师来说，这份职业是神圣的，我所面对的每一个学生都是我应该认真对待的对象，与学生应该要建立平等的师生关系。而作为年轻教师，与学生之间没有什么代沟，我想我可以与学生课内是师生关系，课后是朋友关系。而事实上我就是这么做的。假期里看了《陶行知文集》里的一篇文章，在《每天四问》中提到了其中的一问就是"我的道德有没有进步？"，而我每天大部分时间都是在工作，所以职业道德很重要，每天的课有没有好好地备，认真地上，每天学

---

① 摘自江苏省一位中学教师的日记，有删改。

生的作业有没有认真细致地批改，遇到学生某个知识困难的时候有没有及时地处理掉还是拖着？最重要的是每天有没有及时进行教学反思。有反思才能进步，这些都是我所理解的教师的职业道德。做这份工作，我要对得起自己的心。

第一节　同伴与同伴关系

一、同伴(Peer)

(一)同伴的含义

同伴的近义词有很多，例如"同伙""同事""伙伴""朋友""伴侣""同行者"等，同伴的含义往往是指彼此相互熟悉、有交情，共同参与或经历某件事，或一起生活或工作的人。同伴的英文是"peer"，《韦伯辞典》对它的定义则强调了同伴之间的平等性。例如在年龄、级别、受教育程度、社会地位等方面的等同或相近，指出同伴属于相同社会群体。

人们通常会主动寻找同伴，依恋同伴，喜欢和同伴建立友谊并共同参与活动，同伴间的交往往往是密切、频繁和持久的。从孩提时代开始，人们就开始与同伴交往，从中学习如何与他人建立良好关系、保持友谊和解决冲突，如何对待领导与被领导的关系，如何对待竞争与合作，如何处理个人与小团体的关系，以及如何以他人眼光看问题等。同伴对人的影响主要是通过榜样、期待、强化、模仿和同化的机制实现的，可以说同伴在改变一个人的行为、观点、态度、能力和价值观上起到很大的作用。尤其是儿童和青少年更经常模仿同伴的行为并将其同化到自己的行为结构中去。

(二)同伴的重要性

众所周知同伴在一个人成长道路上的重要性。一个好的同伴就是一个良师益友，人们往往更容易接受同伴的批评、意见和建议，也更乐于与同伴进行物质和精神上的分享。一个好的同伴还是一个得力助手，正如中国一句老话所说，"一个篱笆三个桩，一个好汉三个帮"。很多事情单凭一个人的力量是完成不了的，而与同伴团结协作、齐心协力，往往会事半功倍，最终取得成功。所以，与同伴之间的关系是一种相互鼓励、共同进步、交流分享、相互协作的关系，是社会中最主要的人际关系。

二、教师的同伴关系

中小学教师的同伴范围很广，可以是坐在一个办公室的同年级、同学科的同事，也可以是一起参加教师培训项目的其他学校、其他学科的教师，甚至可以是教师论坛上素未谋面的教师网友。在本章的讨论中，同伴特指在同一所学校一起工作的教师，也就是学校的同事。作为同事的教师是最亲密的同伴，他们彼此熟悉，一起开展学校的教育教学工作，共同致力于学校的发展、自身的提高以及学生的成长。

（一）同伴关系的分类

教师之间的同伴关系是构成学校文化以及教师文化的重要组成部分，对教师的社会发展及专业发展至关重要。当代教育家哈格里夫斯（Hargreaves）将教师同伴文化的形式划分为四种类型，即个人主义、派别主义、自然合作和人为合作，很好地概括了处于学校环境中的教师及其同事之间的人际关系类型。

1. 个人主义（individualism）

个人主义文化在传统的学校和传统的教育教学模式中表现得特别突出：教师拥有强烈的独立成功观，致力于处理自己课堂里的事件，缺乏交流精神和合作意识，也不喜欢变革。另外，教育行政部门和学校往往以年级和学科为单位对教师进行评价、考核，加剧了教师间的竞争关系，也致使教师在教学、科研上互相封锁、互不合作，在校内形成了"鸡犬之声相闻，老死不相往来"的不良局面。个人主义文化无法为教师提供积极促进的环境，阻碍着教师自身的进步，消淡了教师参与自身发展的想法和兴趣，同时对学校的发展也产生了十分不利的负面影响。

2. 派别主义（balkanization）

人往往是一个矛盾组合的统一体，教师既把孤立作为安全的选择，又常常会去寻找"同类"的群体结成同盟来维护自己的利益。平时教师在校内有意或无意地参与学校某些自然群体，与其中的教师联系密切，形成某一派别，游离于整个学校集体之外，派别之间的教师漠不关心甚至彼此竞争，这就形成一种派别主义的教师文化。这种文化下的教师很难有共享的变革目标，容易造成关系紧张，不利于教师之间的互动合作，严重阻碍了学校内部的改革和教育革新，对学校的集体团结和学校工作的有效开展造成危害。学校环境中最常见的派别为学科派别和地域派别，即同一学科或来自同一地区的教师之间联系甚多，而不同学科、不同地区的教师之间则很少交往。

3. 人为合作（contrived collegiality）

人为合作文化是由外在行政权力控制的，是被迫、被动实施的，且局限于特定的时间和空间。如每学期学校要求教师参加教科研活动几次，听课几节，备课要达到什么要求，它是一种可以预测的且带有政治性、强制性的合作文化，它的目的就是通过一系列的规定、具体的要求让教师重视学校的规划，完成教育教学计划。在人为合作文化中，教师的时间和空间被局限在由上级和学校设定与规划的教学目标与计划上。因为过多遭受来自行政指令的负荷，过于强调教师的服从，忽略了教师发展的主动性和自愿性，往往会阻止了教师自身在教育实践中的探讨、反思和批判，有时还会破坏教师之间形成的自然合作关系。人为合作文化虽然是一个临时的、肤浅的行政替代策略，但是，在目前的学校管理中还是有着较强的调节功能，对正常学校教学秩序的建立和教学常规的落实有其积极意义。

4. 自然合作（collaboration）

自然合作文化是指教师之间相互交流、互相帮助和支持、共同克服困难。它是在一种自然状态下形成，不受学校行政权力的影响，也不受团体意志所迫，是渗透在日常教育教学中的教师之间的自然而然的合作。在自然合作过程中，同伴之间相互交流、讨论、帮助和支持，无形中消除了教师的孤独感和无助感。在自然合作文化氛围中，同伴之间能接受、容纳不同的教育教学观点，对于教育教学上的失败和不确定性不再采取防卫态度，而是共同面对和接受问题。这种和谐的文化气息激发着教师对自身的职业产生依恋感、使命感和对学校的认同感。真正意义上的教师自身发展正是需要这样一种自然的、开放的、动态的文化环境，而不能在封闭的环境中自生、在孤立的状态中自存。自然合作关系是我们值得追求的一种理想的文化状态，也是教师自我发展的最佳途径。所以，在学校的管理上要积极创设条件，在校内全方位地开展丰富多彩的各种活动，积极鼓励教师之间进行自然协作，这样在教师本身得到发展的同时，学校也会随之发展。

（二）教师的同伴合作

在教师同伴文化的四种类型中，我们提倡有效利用人为合作文化，并从个人主义、派别主义文化中引导中小学教师逐步向自然合作文化转化，从而形成一种相互开放、信赖、支援性的同事关系。"合作"对于教师的同伴关系来说极为关键，符合教师个性发展的需要，也符合教师专业发展对团队合作的需求。伴随着基础教育课程改革的深入和教师专业化的推进，教师之间的同伴合作越来越受到更多的关注。中小学校纷纷创造合作探究的文化氛围，积极营造教师合作文化，为教师提供成长为"合作型教师"的环境。

中小学教师的同伴合作主要体现在教师之间为了取得共同的进步、为了实现共同的学校愿景而达成的一种共赢关系，往往通过以下几种方式实现。

第一，同伴互助。同伴互助主要指教师同伴之间相互鼓励、相互学习、相互影响、以及出现问题和困难时的相互帮助，通常是以非正式、非官方、非行政的方式展开。近年来国际上经常采用的合作策略有"同伴教练"（peer coaching）、"师徒带教"（mentoring）等，不同层次的教师均可在合作中受益。

第二，教学共同体。在教学共同体中，教师同伴共同探讨解决教育教学中的问题；共同参与课程的研究与开发；相互学习并交流教学经验；分享教育教学成果；通过合作备课，共同分析教材和学生，群策群力，互补共生；通过互相听课、评课、观察研讨，相互启发、相互补充，共同提高教学水平。

第三，研究共同体。在研究共同体中，教师同伴是相互作用和相互依赖的共同体成员，共同参与课题研究、完成科研工作、共同提高教科研水平。在研究上的合作经常是分工合作，体现合作的协调性。

第四，沟通与交流。教师同伴之间沟通与交流的内容可以包括价值的分享、思想的沟通、共同志向与信念的交流，也可以是一本好书、一篇文章的推荐。这里要指出的是教师同伴之间的交流与合作应该打破学科界限[①]。以往由于学科的独立性，教师与其他学科的同伴几乎没有业务上的往来，缺少互相了解和交流的机会。而当下基础教育课程改革十分关注综合性学科的开设及对学科间内在联系的研究，进行跨学科的交流与合作。

第五，资源共享。教育教学资源是庞大的，而一个教师拥有的资源往往是有限而不完善的。资源共享主要指教师同伴利用信息技术等手段实现教学、课程、班级管理、科研等资源的共享，丰富每一个教师的资源，充分发挥资源的作用。

（三）教师同伴合作的必要性

教师的工作具有独立性和个体性特点，日常教学通常是在独立状态下完成，但是，教师的工作同样具有群体合作性的特点。因为人才培养是一项系统工程，任何一个教师都无法单独完成，而需要团队合作。同一所学校的教师不仅仅是一个教师群体，而应该是一个合作团队。以共同任务为导向，拥有共同的行为目标、价值取向和有效的交流与合作，构成团体的本质特征。加强教师团队建设，就是要有计划、有目的地组织教师团队，建立有效的团队合作机制，促进教学研讨和教科研经验交流，开发教学资源，提高教学和科研水平。

良好的教师团队应该具有沟通、对话、合作、互助、共同发展的特征，特别是知识经济时代的到来，使得人们越来越重视人际交流与合作，对于投身课程改革的教师来说，重视合作意识的培养和合作能力的提升是现代教师的一种品质。

---

① 石柠，董倩超：《教师科研意识的自我培养》，第136页，广州，世界图书出版公司，2010。

教师同伴合作的必要性可以从以下几个方面来理解。

1. 从学习的本质看

学习的本质是社会的、合作的。学习合作化组织的特征之一，即强调团队学习，不但重视个人学习和个人智力的开发，更强调组织成员的合作学习和群体智力的开发与整合。在一个互动的团体里，教师会成为一个持续的学习者。

2. 从教师专业发展看

在知识迅猛发展的今天，教师的专业发展仅凭教师个人的学习和探索是远远不够的，它需要通过团队学习实现教师的知识交流和共享，促进教师的专业成长。教师同伴在知识结构、智力水平、思维方式、认知风格等方面存在的差异，以及教师同伴各自的教育教学实践经验，都可视为一种宝贵的教育教学资源，有利于教师的专业成长。

3. 从合作效果看

研究表明，在团队合作中，个体具有较强的工作动机，能够相互激励，相互谅解，个体间的信息交流也比较流畅，团队的工作效率明显高于非合作性群体。而在缺乏同伴合作的环境中，最多只有个别教师的发展，而不可能有群体教师的发展。此外，当教师独立发展受到挫折时，合作型文化可为其提供情感支持和业务支持。当教师需要得到帮助时，最有效的来源是同事，其次才是管理者和专家。

4. 从情感角度看

进行同伴合作，教师互相启发和激励，可以品尝到专业的自信、人生的愉悦、创造的快乐，拥有强烈的成就感和满足感，使教师在合作性的工作、创造性的劳动和不断学习中实现自己的精神需求，将教师的发展与学校的发展融为一体，使学校成为发挥教师智慧和创造力的舞台。

5. 从教学质量看

从效率的角度看，团队可以通过内部的沟通、互补、整合，从而应付多方面的挑战。现代学校无论是教学、科研还是行政管理领域，都不是靠个人的力量所能成就的，而是需要依靠集体的力量，依靠教师同伴之间的合作、相互信任、团结协作，才能有效整合教育力量来改善整个学校的教学质量，达成变革和提升的目的。日本著名学者佐藤学曾说过："要改变一所学校，需要不断开展校内教研活动，让教师敞开教室的大门，进行互相评论，除此之外，别无他法。"

第二节　同伴领导力的内涵、现状及体现

一、同伴领导力的内涵

教师的同伴领导力是教师领导力的重要内涵，是教师在教师同伴群体中的领导力，即教师在教师合作中所具有通过自身发展带动其他教师发展的影响力。同伴领导力是在教师相互学习和相互指导中形成的，是一种与学校传统的校长领导力共存的学校领导力。哈格里夫斯与富兰（Hargreaves & Fullan）认为：每位教师都能成为同事的领导者[1]。

教师同伴领导力主要致力于教师同伴之间的经验与智慧共享，将教师的个体性知识和能力转化成教师群体的共同知识和能力，"使学校所有教职员工共同努力，相互协作，构建学校教育的价值意义并使之得到更深刻的认识"[2]。

教师领导力是教师们在课堂内外承担领导者的角色，被教师学习共同体所认可，并为该共同体的发展作出贡献，带领其他教师朝教育实践改良的方向发展。[3] 具有同伴领导力的教师往往是专家型教师、骨干教师、特级教师、课题负责人、学科带头人、教学科研团队的核心，是教师中的领导者（不是校长领导的延伸），是学校改革的中坚力量，在新课程改革中发挥着重要的辐射示范作用。

骨干教师一词在我国始于 1962 年 12 月，教育部《关于有重点地办好一批全日制中、小学校的通知》。中学骨干教师一般的界定为：在一定范围的教师群体中，师德修养、职业素质相对优异，有一定知名度、被大家公认的、具有较为丰富的中学教育经验，在学校的实际教育教学活动中承担了较重的工作量，对教育研究方面有一定兴趣和较为突出的能力，取得过一定的教育教学研究成果，并对一般教师具有一定示范作用和带动作用，能够支撑所在地区或学校的学段或学科教学和教学研究工作的中学优秀教师代表。

---

[1]　Hargreaves, A. & Fullan, M, *What's worth fighting for in education?*, Buckingham, UK: Open University Press, 1998.

[2]　Lambert, L., *Building leadership capacity in schools*. Alexandria, VA: Association for Supervision and Curriculum Dvelopment, 1998, p. 18.

[3]　Katzenmeyer, M. & Moller, G. *Awakening the sleeping giant: Helping teachers developing as leaders*. Thousand Oaks, CA: Corwin Press, 2001, p. 56.

这些领袖型教师不仅在学校的教育教学中起着骨干作用，也在促进学校其他教师的发展中起着引导作用。曾经有位著名的校长说过："一个真正的优秀教师，要帮助校内其他教师共同成长才算优秀，你不可能包班，你一个人不可能教完所有科目，教学成绩的提高还要靠大家的努力，整个学校的改变需要集体的智慧。"①

相关链接 6-1：发挥名师骨干教师的作用②

骨干教师是学校的一笔宝贵财富。我校在学校教育教学工作中，涌现出了一批名师与骨干，切实发挥名师、骨干教师的示范、辐射、引领、激励作用，有力促进了教师的专业成长，提高了教育教学质量。

一、发挥其示范作用

名师、骨干教师是师德高尚、业务精良、学识广博的学科带头人，他们具有丰富的教学经验、先进的教学理念、掌握一定的现代信息技术教育手段、拥有深厚的教育理论功底。学校应充分利用这一教育资源，努力办好教师校本培训工作。我校每学期安排名师和骨干教师作专题报告，介绍自己的教学和教育工作经验，并要求全体教师参加结合个人的工作写出心得体会。使培训对象从名师、骨干教师的教书育人和教育科研的经历及他们成长的心路历程中，受到启迪和感悟，做到学有榜样，赶有目标，从而增强其敬业、乐业的职业意识，树立其勤业、精业的师德风范。

学校还根据培养对象的学科类别、研究方向、个性特点的需要，以名师、骨干教师为指导教师，并让培训对象与骨干教师结师徒对子，签订师徒合同，建立友好合作关系。我校现有三名名师、骨干教师分别与三名年青教师进行师徒结对，从备课、上课、教研、学生管理等全方位进行指导，极大地促进了年青教师的成长和提高。

二、发挥其辐射作用

为促进教师尽快成才，使教师队伍建设扎实有效，学校成立教师队伍建设领导小组和教育科研室。名师、骨干教师挑重担、想办法、出点子，制定教师队伍建设的总体目标和阶段目标，研究教师队伍建设中的具体问题和应对策略，建立培养对象的个人档案和信息资料库，强调培养对象在教育实践和教育改革中的主体地位和主角意识，强化骨干教师的内功修炼和形象塑造，发挥其

---

① 摘自白沙县金波实验学校李南梅老师的博文"认识同伴互助的重要性——听余文森教授讲座后感"，http：//my.hersp.com/600497。

② 摘自涪西中学（2009年），http：//wenku.baidu.com/view/1642aa757fd5360cba1adbe2.html。

在校内外的示范和辐射作用。每学期通过开展观摩课、教改试验专题研讨和教育科研论坛、教学基本功展示以及教学经验、学术论文和试验报告的交流、发表和获奖情况汇报等各项活动，使教师在教学活动中过程中展技验能，锻炼提高。

三、发挥其激励作用

为充分发挥名师、骨干教师的作用，学校建立了督导评估体系和激励机制。学校按照培训目标和各层培养的具体要求，每个学期都要对名师、骨干教师的职业道德、业务素质、科研能力和教育教学实绩等进行考核，并将考核结果与评先评优、晋职晋级、科研津贴挂钩，做到培训、考核、使用与待遇相结合。

积极创造有利条件，鼓励名师、骨干教师参加上级主办的优质课比赛和教学观摩、研讨、交流等活动，使骨干教师能走出去，为他们提供施展才华的舞台。让骨干教师到兄弟学校访问，参加本学科的学术研讨会，了解本学科课程、教材、大纲改革的前沿信息。我校先后选派骨干教师到其他学校学校参观交流，对提高骨干教师的业务水平起了很大的作用。学校依托骨干教师群体，进行教师素质实验研究，课堂教学模式探索研究，学生自主型学习模式研究，学生发展创造能力教育研究，课程结构改革研究，教学过程控制研究，教学手段多媒体教学研究。让名师骨干教师充分发挥模范带头作用，并激励教师人人参与，通过教学研究来充分发挥学生的主体作用，提高课堂教学质量，探索出了一条成功地激发学生自主学习的新路。

四、发挥其引领作用

(1)校内创设积极向上的文化氛围，营造你追我赶的良好态势。学校领导深入课堂教学第一线，反复听课，为教师评课、导课。使他们善于发现和查找自己的不足及多征求其他教师的意见，有目的地加以改进。创造条件让想学、肯学、会学的人多一些学习机会，让想干、肯干、能干的人多一些实践的机会，为教师搭建成长的平台，展示的舞台，让优秀的教师脱颖而出。

(2)强化学习，更新观念，不断提高自身理论水平。人的意识、观念的更新比行为更重要。作为骨干教师更应注重学习，尤其是教育、教学理念，相关理论知识的学习，及时把握教育发展的时代脉搏，新课改对教师的要求等方面的宣传，从而增强教师认识问题、分析问题、解决问题的能力。为此，学校要求骨干教师每个学期必须听同一学科至少二十节课，并撰写师徒课堂改进报告单及提高总结。为每人订三份报刊杂志，每月交一份学习心得体会，每学期精读一本教育专著，每学期交 1 篇较高质量的论文等。

（3）加强校内"传、帮、带"活动，以课堂为载体，切实提高教师的专业水平。骨干教师不能等、靠、要，教师的成长主阵地在校内。为此，在校内坚持学校领导或骨干教师与培养对象的"结对子"活动，从思想交流、课前的学情分析、教材分析到教学过程设计、课后反思均进行随时对话、跟踪听课、重点强化示范课、随堂课、诊断课的有效开展，让培养对象先定格，再入格，直至跳出"模式"逐步形成自身的教学特色和风格。为体现校内的骨干教师的培养成果，学校每学期举行一次竞赛课活动。

（4）"压担子"促使培养对象更稳定、持续发展。骨干教师的稳定、持续发展、自我成长的需要是内因，是主要动力，但外部环境起着巨大的推动作用。为此，在学校工作中，对培养对象适时加压工作担子，如各级各类公开课、评优课、基本功竞赛要让他们多参加，优秀教师充分感受到成长的体验和赏识的愉悦，进一步激发培养对象自我成长的需要。并进一步适时提出新的工作要求，促使其沿着优秀青年教师、教坛新秀、教学能手、学科带头人、名师、骨干教师的轨迹发展。

五、设立骨干教师专项经费

学校设立名师、骨干教师专项经费，并加强对专项经费的管理，做到专款专用，提高经费使用效益。名师、骨干教师专项经费用于：为名师、骨干教师订阅教育教学刊物，参加各级各类教研研活动，名师、骨干教师在区域内发挥作用所需经费；另外，名师、骨干教师考核合格，每年发给的一次性奖金；每学年末召开总结表彰会，表彰和奖励在学校、切实发挥作用、表现突出的名师、骨干教师，让名师成为教师的最高荣誉。

二、当前同伴领导存在的不足

（一）对同伴领导力的认识存在偏差

就学校教学而言，教学计划的制订，课程建设，教学的组织实施等都需要教师的合作，单靠教师个人是难以完成人才培养任务的。在这种情况下，加强同伴领导力具有重要的现实意义。然而不少学校和教师认为：没有教师合作和同伴领导，地球照样转，太阳依旧出，教师同样当，课本照样教；学校教学质量的提高主要靠教师的自身素质，搞同伴合作未必就比不搞的成绩高多少，同伴的教学思想、教学方法再好也不一定适合自己。

（二）同伴领导力信息普遍不足

领导力是需要培养和修炼的。领导力的理论涉及管理、心理甚至人力资源等学科的内容，而学校教师一般是各学科师范专业出身，以前较少有机会涉猎管理等知识和技能，加上学校进行培训主要侧重于教学和科研，很少传递相关的管理新知，所以造成教师在发挥同伴领导力方面往往力不从心。当然，这与同伴领导力实践所获的外部资源支持(包括物质支持和制度支持)远远不够也有一定关系。

(三)同伴领导力实践存在严重的形式主义

同伴领导力的终极目标是通过发挥教师在教师合作中的影响力，从而更新教育观念、提升教师素质、优化教学方法、提高教学质量。没有认识这一点，同伴领导力的很多实践自然陷入形式主义、最终落得劳而无功的结局。学校的同伴合作通常以活动为载体开展，活动主要是听课、评课、说课，搞合格课考评、优质课竞赛、示范课观摩，但为什么要这样做、要解决什么问题、怎样解决问题，教师领导者是模糊的，很大程度是跟着感觉走。同伴领导力的工作不能说没有搞，而且有时搞得热热闹闹，但热闹后什么都没有，反而成了领导和教师的一种负担。

(四)教学领头人的作用有待发挥

正如威斯勒(Wissler)所说，在文化形成的过程中，领袖人物的作用非常明显①。如前所述，教师文化表现出明显的科际文化色彩，而在学科内部文化形成的过程中，学科组长、骨干教师等人物往往起到文化领头人的作用，其个人的感召力、影响力和创造力对组内文化的形成有着深远的影响，甚至影响整个组内文化的风格与发展趋向。骨干教师是一个学校的先进性标志之一，是学校教育教学的宝贵资源，理应起着带动和引领的作用。但是事实并不是这样，许多骨干教师承担着学校很多的教学工作，甚至还有一部分管理任务。这样超负荷的工作，使这些教师的同伴领导力发挥有所不足。

三、同伴领导力的体现

领导者与管理者的根本区别在于，"领导者的核心工作是理人、助人、成就人，管理者的角色是管事、提高效率、提高效益"。② 这种区别在同伴领导力上显得尤为突出。

教师的同伴领导力大致可以体现在五个方面，从低到高分别为：岗位层次的领导力、关系层次的领导力、结果层次的领导力、榜样层次的领导力、复制层次的领导力。

---

① [美]克拉克·威斯勒：《人与文化》，第258页，钱岗南，等译，北京，商务印书馆，2004。
② 摘自清华大学领导力培训教材，《成功的领导力培养策略》。

（一）岗位影响力

这是指教师因为从事校内某个岗位工作或担任某个行政职务而带来的影响力。别人尊重他和服从他，只是因为他的岗位和职务，一旦他不在现有的位置，他的领导力和影响力也就会减退或消失了。

（二）关系影响力

这与教师个人的情商有关，教师领导者愿意为他人付出而不求回报。只有从内心真正愿意帮助别人，并且不计回报的时候，你的影响力才会最大；你帮助周围的人越多，你的同伴领导力也越大。教师团队更加认可那些为他人和团队愿景而奉献自己的领导者。

（三）结果影响力

这是非正式、非官方、非行政的同伴影响力，由于教师个人的能力非常突出并带来了显著的成果，让周围的教师发自内心地佩服和欣赏。正如奥运冠军为何成为人们追捧的对象，是因为他们成功的过程和结果能激励人们。而中小学教师的主要工作是教育教学和科研，因此课堂教学水平的高低和科研成果的多少是体现教师影响力的一大指标。

（四）榜样影响力

教师比许多其他职业更加追求"德才兼备"。教师重师德，提倡为人师表，提倡爱学生、爱事业，视学生和事业为自己生命的延续；教师重学识和专业，要求专业知识精深，相关学科知识通晓，具有发展学生特长的指导能力，具有开发校本课程的能力。德才兼备的教师从自己的教学和实践中升华，形成有一定影响力的教学理念和风格，成为在某一个学科，在一定区域内的知名教师或者名人，"桃李不言，下自成蹊"。

（五）复制领导力

同伴领导者对周围文化氛围的形成与发展起着重要的引领作用，一个好的领导者可以促进合作文化的形成。同伴领导者不仅要在自身素质上过硬，同时还应该有团体发展意识，能够帮助更多的人与自己一样成功。"传、帮、带"活动不仅是传授智慧与能力，实现经验共享与示范引领，更是彰显人格和精神，是同伴领导力的充分体现。

第三节　提升同伴领导力

提升教师的同伴领导力具有非常重要的意义。正如巴特（Barth）在《如何提升学校的内力》一书所指出的，"教师成为领导者之后，会体验到个人满足感和专业成就感，会远离闭塞的环境，会体验到帮助人的快乐，会获得许多新知——这些全部会渗透到他们的教学中去。他们是学校的变革者，是学校的主人和利益关系人，而不仅仅是学校的打工者"①。

一、影响同伴领导力的因素

教师的同伴领导力体现在学校教育教学活动的方方面面，受很多因素的影响，主要体现在以下三个方面。

（一）教师的个性品质、沟通技巧、教育理念、专业素养、责任意识、协作精神、创新热情、管理技能、组织与策划教学科研活动的能力、管理课题项目的能力

1. 以信任为例

获得同伴的信任是教师领导者最突出的个性品质。信任被认为是组织成功的重要因素，对于教师群体和学校组织来说也是一样。教科研任务具有创新性的特点，需要多种技能的组合，因此要求同伴之间密切配合，彼此间的信任尤为重要。

树立有意义的共同目标是建立信任的首要基础，只有反复的强调团队宗旨，使同伴理解他们所做贡献的价值并引起共鸣，才能产生自豪感，才能使相互间的合作成为实现价值的一种手段，才能让彼此的信任与协调成为一种成功的内生机制。同伴之间坦诚的沟通也是相互信任的重要手段，通过交流，了解彼此的能力，在合作中技能互补，高效地完成任务。

2. 以激励为例

能够激励同伴是教师领导者的重要管理技能。鼓励同事勇于尝试，但提醒他们别在边界以外犯错误；当错误发生的时候，帮助同事从这些错误中吸取教训。这些将激发教师同伴的工作动机，挖掘身心潜能，鼓励工作干劲。

激励的原点是人的根本需求。俗话说：无所需就无所求，无所求就无所谓，无所谓就什么都做不好。教师领导者会需要根据同伴的根本需求选择有效的激励方法，以提高同伴接受和执行目标的自觉程度，激发同伴实现共同目标的热情，最终达到提高同伴行为效率的目的。激励的方法通常从目标、榜样、荣誉、情感、授权、参与、自尊、赞美、批评、竞争、成就、信任、需要、期望等因素入手。

---

① Barth，R.S.，*Improving schools from within：Teachers，parents，and principals can make the difference*，Hoboken，NJ：Jossey-Bass，1991.

（二）学校的教科研环境和文化氛围

1. 以开放分享为例

同伴领导力的理论付诸实践需要在复杂的环境中面对不同的对象进行，没有一种理论能够简单应用于实际工作。一个掌握再多领导力理论的人，如果不在教师合作交流中磨练，永远不可能成为一名合格的教师领导者（但是这不妨碍他成为一名领导力理论专家）。要实现这一转化，除了实践还是实践。如果学校能够给教师提供相对开放分享的环境，促使他们有意愿尝试发挥领导力，并提供相应的保护、容纳和鼓励，那么对他们领导力的提升一定有所裨益。

2. 以冲突管理为例

鼓励同事开展开放式的研讨、对话，将有助于消除同伴之间的抵触情绪，因为抵触情绪往往会造成同事关系紧张，并使得他们之间的合作仅仅停留于表面。同伴领导者要大力倡导良性冲突，支持良性冲突机制，通过真诚的沟通直接诱发与同伴的良性冲突。例如，在与同事共进午餐时，进行一些严肃问题的对话，往往能比正式场合听到更多更有效的意见和建议。

3. 以团队活动为例（学习、培训、研讨、交流、实践、展示）

团队活动是引导同伴领导力生成和发挥的重要因素。例如，学校改革的中心课题之一就是以校内教研活动为中心，建立教师间的"合作性同事"关系。为了切实提高同伴领导力，帮助改进和完善同伴合作，学校和教师都要有意识地组织互助合作的活动，创设交流沟通的平台。领导力的提升是一个过程，是一个互动的过程，教师领导者应作为活动的主体深入参与活动，引导同伴间的合作学习、平等交流、互相辩论、充分剖析，以此取长补短和共同进步。

（三）学校的教师考核评价制度

同伴领导力需要一定的外部动力机制，保证教师领导者的积极性、主动性和持久性。有效的动力机制包括教师评价制度、教师奖惩制度和教师工作量计算制度等。

教师考核评价制度如能把"协同作用""学术交流""资源共享"等互助合作的指标纳入对教师的考核评价体系，就能进一步促进教师同伴领导力发展，给教师领导者充分的理解和自由，对于他们所取得的成功能够及时激励和表扬，使教师领导者不断获得成就感。

二、提升同伴领导力的途径

教师要善于借助日常工作中的小事去积极影响周围的人，这是任何领导者必须具备的影响力。同伴领导力的真谛就是通过自我领导而影响他人，通过影响和改变周围人的工作态度和行为，从而实现自己的领导力。

在同伴领导力的范畴内，组织内权力的成分不多，灵活应变的能力却要不断提高，建议教师在日常工作中注意以下几个方面的修炼：

（一）与同伴建立亲密而适度的关系

选择什么样的关系，就意味着选择了什么样的工作方式和生活方式。[①] 现代学校好比一个大家庭，蕴含着其所有的和谐与不睦之处。因此，同伴之间的关系问题至关重要。作为教师，你要尝试与周围的同事建立互信、互爱、互助的关系。所有的教师都期望学校里的同事对自己的行为担负起更多的责任，从而成为真正的同伴。另外，教师也必须在关系处理上担负起更多的职责，这就意味着必须更加留意与同事的关系。

与同事保持良好的关系不是嘴上说说就可以，需要教师能够与同事保持比较密切的联系，以使他们感到你平易近人，有什么事情可以找你帮忙。现在你投之以桃，将来他们就可能在工作上报之以李。而在现实中，不免有一些高高在上、远离他人的教师，会使周围的人感到不像是有血有肉的共事者，而更像是机械人。在这种环境中，同事的问题将不断恶化，更别提同伴领导力了。

建议教师与同事之间保持一定频度和始终如一的沟通，信息的流动将更为自由顺畅。可以考虑建立一种常规化的沟通方式，比如一周开一次碰头会或者固定个吃饭时间边吃边聊。无论是正式还是非正式的联络，都有助于教师跟得上新问题的发生与进展。

（二）建设一支优秀的同伴团队

团队能够对提升领导力提供了坚实的组织基础和训练土壤。长期以来，由于受传统教学观的影响，人们过分强调教师个体在教学中的作用，再加上绩效考评和激励制度也是以教师个人为基础的，在教学管理实践中，教学团队的建设没得到应有的重视。实际上，团队是学校工作的一种重要组织形式，它可以增进学校各方面的协作和整体能力，极大地提高组织效率。加强教学团队建设，以成为中小学校提高教学质量的一条重要举措。

通过建立团队来修炼同伴领导力，一定要着眼大局。必须把唱独角戏的想法剔除出大脑。你做的是更大的事业当中的一部分，要把眼光放在更大的图景上，同时也要帮助其他成员这么思考。

一个优秀教学团队的建设刚开始时，教师领导者必须花很多时间来带动他的团队。必须明确团队目标、成员的角色和责任。在成长阶段，可以让团队成

---

① 摘自培训专家高伯任的博文《领导力转型：从管理者到团队领导》，http：//www.chinaceot.com/。

员尽可能多地承担一些不会引致太大后果的教学或科研任务。当团队适应了新的职责后，帮助他们扫除障碍并提供各种所需资源。在此过程中，一定要坚持不懈，几乎所有教师团队领导者都经历过至少一次的彻底失望，然后才会出现一个突破：团队成员或者成功地完成一项教学计划，或者编写完成一本教材，或者顺利完成一项课题研究，这时团队成员会开始感谢你给予他们的帮助。

教师领导者必须为团队投入必要的时间和精力，注意观察团队进步情况，给予适当的指导。此外，当团队可能已发展到顶峰时，为避免滋生松懈或自满情绪，需反复强调团队目标，帮助成员认清新的任务和挑战，为团队的壮大和发展提供原动力。

（三）营造一个和谐宽松的同伴环境

在一所学校中，一个和谐宽松的工作环境决定着教师的心情。良好的物质环境当然重要，软环境也同样重要，而每一名教师都是软环境的建设者和维护者。在这样的软环境营造过程中，教师可以按照以下的沟通之道来发挥自己的同伴领导力。

第一，按希望别人对待自己的方式去对待别人。有一句金科玉律就是："你们愿意别人怎样对待你们，你们也应该那样去对待别人。"

第二，相信每个人都有专长，必须使别人感到他们自己很重要。怎样才能使同伴教师感到自己重要？首先是倾听他们的意见，让他们知道你尊重他们的想法，让他们发表自己的见解；其次是既要让同伴教师承担责任，又要对他们充分信任，不信任会毁掉他们的自尊心；最后，应该用语言和行动明确地告诉同伴教师你赞赏他们。

第三，仔细聆听。在所有的人际交往中，必须确保自己在聆听的同时也在学习。掌握听意见的艺术，努力从聆听中逐步了解有关同伴教师及学校的最新情况，学会从多角度来看待问题，这有助于教师领导者形成以前从未想过的解决方案。

第四，批评要讲策略。假如同伴教师在工作中出现问题，并且你无法绕开这个问题，那就必须表达出自己的看法。不过，在提出批评时，一定要讲究策略，否则就有可能出现适得其反的结果。这里应该注意的是：①绝不当众批评他人，那是一种不专业的行为；②要记住批评的目的是指出错在哪里，而不是要指出错者是谁；③要创造出一种易于交换意见的气氛，让人感觉到"与同伴保持沟通是一种亲密关系的体现"，既要严格，又要体现关心，既要亲热，又不能伤害批评的监督作用；④无论批评什么事情，都必须找点值得表扬的事情留在批评前和批评后说。

第五，给别人以热情。一个能激起热情的平凡主张比一个不能激起热情的非凡高见好得多，因此，教师要善于激起同伴教师的热情。要实现这一目标，教师本人必须首先要有热情。一帆风顺时保持热情并不难，但是在逆境中要保持热情却不太容易。这时，必须强迫自己保持热情直到自己身上自然而然地产生出热情，正如学生的求知欲望会因为教师的冷漠态度而消失，一位教师的工作态度也会影响其同伴教师的热情。

第六，敞开办公室的门。开门有两个目的：一是使来访者对学校有个好印象，二是为学校的同伴教师提供增进了解与彼此合作的机会，优秀的教师领导者应当永远是学校集体的一员。

总之，每位教师都应该努力创造一种有吸引力的同伴环境。实现这个目标的重要方法就是：承认人的志趣的差异性；同时以自己的工作热情去感染同伴，而不是用自己的消极情绪去影响他人。

(四)有效运用每一个同伴的长处

人力资源管理中有一句名言，没有"平庸的人"，只有"平庸的管理"。所以说，每个人总是有长处的，高明的领导者善于从每个普通的同事身上，发现有价值的东西，并加以引导和开发。同伴领导力的任务就在于运用每位同伴教师的长处，把他们的长处作为共同目标的建筑材料。试想一下，哪所学校的成绩不是所有教师发挥各自的长处共同做出来的？因此，教师领导者在日常合作尤其是团队合作时，要首先把着眼点放在同伴的长处上，发掘长处并设法使长处发挥作用。至于短处，那是人人都有的，当然也要看到同伴的短处，并要设法帮助克服，设法不让短处对自己和集体发生影响。事实证明，一个人的长处得到发挥时，他会更加乐于接受批评，从而克服短处。

(五)了解同伴特点并分析对待

同伴领导力本质上是一种影响力。然而，人不是机器人，每一个人成长背景都不同，对事情有不同的认知，甚至学习、做事的习惯也不同；以同一种方式相处，每个人理解与接受的程度也大不相同。因此，在工作中，教师领导者必须首先深入观察每位同事的个性特质、做事习惯与认知。可以说，同伴领导力的实践均是植基于对人的了解，"对人的了解"是同伴领导力修炼的必修课。其实，"对人的了解"并不是一个新的或困难的课题。因为每个人在成长的过程中，都接触过很多人，甚至是各式各样的人，所以对人并不完全陌生。尤其教师领导者与同事近距离接触、互动频繁，理应对他们有着相当深刻的了解。另外，也可思考自己上级管理者的领导经验，比如其领导自己或其他同伴的方式有何不同，进一步去体会其细微差异，进一步增进对同伴特点的把握，加以思索，再予以应用。

（六）直面冲突

教师领导者尊重同伴的意见，正确看待同伴间观点的碰撞和交锋。这些碰撞在每所学校、每一天都时有发生。这些情况下教师的同伴领导力正好可以大展拳脚。与其等待问题在更高的组织层面爆发而导致工作进度变得迟缓，教师领导者应该将问题摆上桌面，并且推动问题在你这个层面就获得解决。你要帮助所有的参与者看到各自的筹码，不断提醒他们勿忘全局。还有，要提出自己的主张，但是不要假设知晓所有答案，要促进讨论的展开以便形成大家都满意的折中方案。

总之，以上论及的各种情况都要根据具体情况来做决断，它考验的是一个同伴领导者的管理智慧和领导艺术，也是每一个有志成为出色同伴领导者的教师所必须突破的关卡。

【关键概念】

同伴　同伴互助　同伴领导力　骨干教师

【复习与思考】

1. 你认为教师的同伴领导力与学校领导和管理者（如校长）对教师群体的领导力有什么不同？应该如何让这两个层面的领导力和谐互动、配合发展？请结合案例进行思考。

2. 根据你的观察和了解，你认为现实中教师的同伴领导力存在哪些方面的问题和不足？

【推荐阅读】

1. 图书、期刊学习资源推荐

（1）陈彬莉、史静寰. 科层和专业组织框架下的学校领导力研究——以 Y 地区为个案. 教育学报，2009(10)

（2）蒋园园. 中小学教师领导者角色的有效性：实践改善与资源分析. 首都师范大学学报(社会科学版)，2011(4)

（3）张爽. 学校学习共同体的意蕴与创建. 中国教育学刊，2011(7)

（4）钟敏. 领导力实验室. 北京：清华大学出版社，2008

（5）[日]佐藤学. 静悄悄的革命. 李季湄，译. 长春：长春出版社，2003

2. 网络学习资源推荐

(1) 中国教师网，http：//www.zgjsw.com/

(2) 教师网，http：//www.hteacher.net/

(3) 中国教育先锋网，http：//www.ep-china.net/teacher/

(4) 全国中小学教师继续教育网，http：//www.teacher.com.cn/

(5) 中国教师成长网，http：//teacher.cersp.com/

【实践园地】

　　　教师领导力系列实践(六)——我的同伴领导力发展方案

通过阅读和访谈，我对同伴领导力的理解

我可能的同伴领导力风格

同伴领导力提升的途径

第七章 教师的社会关系领导力

【本章重点】

• 了解人的成长与教育、社会的复杂关系，理解教师社会关系领导力的内涵

• 理解家庭是学校教育的伙伴力量，提升整合家庭教育力量的素质

• 理解社会是影响学校教育的外部力量，提升整合社会教育力量的素质

案例导入："抽烟"与"初二现象"①

初二是中学阶段的关键时期，学生认为自己是中学生了，有了自己的想法和做法，但这些大部分是不成熟的。而学生本人却不这样认为，总喜欢尝试，对一些事情有独特的理解，特别听不进别人的意见。容易染上一些坏习惯，朋友义气重，好表现，好打赌，爱面子等。班上有几位学生特别明显，其中，赵同学就是其中的一位。

学期初，我担任初二(2)班班主任，事先了解班级的一些情况。各位老师对赵同学的评价是：该生蛮聪明的，心地不坏，在老师特殊照顾下，学习成绩还可以。但习惯很不好，如上课讲话，听课不认真，作业不完成，还有早恋的倾向等，所以经常被请到办公室教育，反省，停上体育课等。开学后的卜几天，好像没有发生什么不好的事。可是不久事情就发生了，学校值班老师检查到该学生于某天的中午躲在艺术楼厕所里抽烟。

青少年心理问题专家曾提出过"初二现象"，即"事故多发的危险阶段"。该阶段的学生主要表现有比较注意自己在同学、老师、亲戚、朋友心目中的形象、评价和地位。对很多事有自己的观点、认识、体会，不容易沟通，不轻易服从师长尤其是家长的指导和批评。是非观模糊，心理承受能力差……一方面我行我素，自以为是；另一方面不愿脱离同伴，从众心理明显。喜欢出人头地，常有紧张的感觉，常有自卑的心理。学习成绩两极分化，不少学生到了初二就学不下去。统计材料表明，全国初二的辍学率达到了 10% 左右。有不同性质和程度的叛逆、对抗情绪以及说谎、寻衅闹事行为等。生理早熟，心理不

---

① 摘自江苏省南京市一位中学教师工作日志。

成熟，青春期躁动明显。在乎自己的形象如染头发、烫头发、女生化妆、结交陌生朋友、抽烟、早恋等。

我班赵同学的行为不就是"初二现象"中的表现吗？我先与家长沟通，家长接到电话说："他抽烟了？这次他的手要被砍掉了，我养得起他。"我开始没弄清楚是怎么回事？继续询问，原来小孩在暑假期间因为抽烟，家长已经发现并教育过，还约法三章：如果再有抽烟的行为就砍掉手指。

小孩犯错了，家长教育，这是应该的。冷静地考虑一下，总不能按照家长的方法呀。可是，如果不按照家长的，就这样教育几句，肯定效果不好，而且也起不到教育该生的作用啊？如果直接按照过去的做法，给他一个处分。一是有的学生不在乎，破罐子破摔；还有对学生今后的发展也不利。考虑再三，还是以教育帮助为主。所以我找该学生谈话，告诉他抽烟是严重的违反校纪行为，必须严肃对待并如实反映情况，有必要接受处理。再与家长谈，他们这种做法的弊端。

该学生反映的情况是这样的：本周有一天，该学生要求到校外买日用品。当时我同意了，就在他出去的时候，买了香烟，而回学校以后我没检查，事后学生说我管得没那么紧。第二天中午放学后，没去吃饭，去了艺术楼厕所抽烟了。为什么假期中被教育过了还想抽烟呢？为什么学校制度这么严明还能在学校抽烟呢？原因之一，假期中有过多次抽烟行为，已经感觉抽烟时的好处了。原来在假期家长让小孩去学弹吉他。在学习的过程中，一起学吉他的人就发烟给小孩抽，小孩禁不住诱惑，就开始耳濡目染了。原因二，暑假学农期间，利用看电影的时机，跑到厕所里去抽过烟，没人发现，而且已有同学受他影响了。原因三，本学期开学没几天，他已经在艺术楼厕所抽过至少三次了，而且每次都有同学陪他抽，没人发现。原因四，作为班主任我的关注确实有疏忽，考虑不全面。原因五，家长教育简单粗暴，不可行。这样，该学生胆子就原来越大了，对烟的依赖也越来越严重了。

在掌握了这些情况以后，我感觉不能简单教育也不能粗暴地惩罚。与家长沟通好，采取冷处理的方法。跟小孩讲：你违反校规了，回去反省。但又不便直接跟小孩挑明是因为抽烟，否则家长就会显得言而无信。目的就是让其通过回家反省讲出自己所犯的错误。家长也配合，让小孩在家待了几天。第一天，在家与工人一道挖泥，手上都磨出了血泡；第二天，在家做一点家务，同时反省。到了第三天，实在待不住了，将自己的情况告诉了妈妈，承认错误，并表示不再犯了，要求回学校接受教育。当然到了学校先得检查在家的反省情况。有没有意识到自己的错误，有没有改进的措施。再就是根据自己的要求和学校的制度，制定留校的协议。将该生的位置安排到教室的前面，以便观察和教育。平时有时间就找他谈谈，了解近期的言行。并与家长和生活老师沟通，多关注小孩的行动和作息时间。该生必须定期汇报、反思。通过一学期的观察，该生没有再犯类似的错误。其实，在教育过程中，也担心该生可能会不回家反省或不明白回去的意图。如果是那样，就得及时改变处理方法，因材施教。

通过这件事，结合"初二现象"。我认为学校教师教育好学生，平时要做有心人、热心人，还要做学生的朋友。让学生愿意跟你谈知心话，并作出指点。当学生遇到困难的时候，你是第一个帮助他的人。当学生烦恼的时候，你是主动解决难题的人。总之，在学生需要的时候，你要尽力地满足。对学生要信任，但不能放任不管。例如，在学生从校外回来后，要对学生旁敲侧击的了解，买了什么，有什么用。有时候还要主动问，有需要老师代劳的吗？老师帮你买可以吗？再有就是可以买一些日常用品和学习工具，在学生需要的时候拿出来，如考试忘带铅笔、橡皮时老师能及时提供；在宿舍差一点面巾纸的时候老师能帮助，等等。当然对屡教不改的学生必须严格按照规定教育处理，不能迁就。但也不能犯一下错误，就轻率处分等。要知道有的学生在处分了之后还会再犯，这样教育学生会很被动，效果也就不好了。

教师要善于与家长经常沟通，当然很多老师都能做到。但我认为反映情况、推卸责任、批评家长都不妥，必须有一定的技巧和方法，帮助家长想办法。例如，赵同学的家长一时气愤，与小孩签下了"砍手指"等协议；有的家长会说"你做不好，就别上学了"这样的气话。要知道家长是不可能做到也是不可以这样做的。所以要想法让家长相信你，跟你讲真话。请你为他们出谋划策，订出合理的奖惩计划。这样，你既能了解小孩的情况，又能掌握家长的教育情况。家庭与学校一起教育小孩就容易多了。

家长是学生的第一任老师，家长要常和班主任、授课老师对孩子的教育进行电话或信息交流，互相沟通，共同设计。要做一个积极而不消极的家长，要相信每个孩子的未来都会是光明的。不说打击孩子积极性的话，不纠缠孩子犯过的错。做一个很细心、不马虎的家长，看重结果，更注重过程。提醒孩子多接触健康向上的人和事，督促孩子每天都要及时完成学习任务，要多与孩子接触、沟通。做一个有见识、有修养的家长，当与老师有不同意见时，当面要诚恳教育孩子，背后和老师商议，探讨，可论理，也可提意见。不委屈孩子，不错怪老师。要善于把坏事变成好事，互相理解，共同配合，达到最后促使孩子不仅改正了错误，而且还有新的收获。

学校教育还要与社会机构教育相配合。例如小孩要学习弹吉他、古筝等艺术、补习英语、数学等文化学科，自然要进入社会，这时就必须与一些培训机构沟通，制定一些规章制度，或者经常对小孩进行公德的教育。每学期要听法制报告；注意收看电影、电视等，有目的地进行教育。利用板报等，教育小孩要做有益的事，不做有害的事，做一个对社会有用的人。

学生最终是要走向社会的，作为社会机构，可开展各种有益的活动，培养学生的综合素质。逐步培养学生自主学习和自主管理的习惯。同时注重德育教育，尤其是品行教育、法制教育和青春期教育，防止中学生抽烟、男女交往过热和沉溺网络游戏等。针对初二学生的年龄特点，多开展健康有趣的集体活动。

人一生可以不做坏事，但绝不可能不做错事。初二是孩子最容易惹事、犯错的时期。在这个时期，孩子发展顺利，固然幸运；产生了一点麻烦，一些困惑，也不必紧张。我们应该认识到，犯错是孩子的权利，也是走向成熟的必备代价。学校、家庭和社会一起研究，共同努力，让这个事故多发的阶段平稳度过，让所有初二的孩子都能得到发展。

第一节　社会关系领导力概述

每个人都是社会人，自从他降生到这个社会以后，就无时无刻不在接受着来自社会各方面的影响，这些影响人发展的因素是多种多样的，如父母、社区环境、教师、旅游、电视、网络等。学校教育是影响个体身心发展的特殊因素，作为专业的教育者，教师还需引领、整合各种社会影响因素，促进教育合力的形成。

一、人·教育·社会

个体身心发展是指作为复杂整体的个体在从生命开始到生命结束的全部人生过程中，不断发生的变化过程，特别是指个体的身心特点向积极的方面变化的过程。这是人的各方面的潜在力量不断转化为现实个性的过程。个体身心发展的水平受到多种因素的影响，包括遗传素质、成熟、环境和个体实践活动等。环境泛指个体生活其中，影响个体身心发展的一切外部因素。若按环境的性质来分，环境可分为自然环境(包括自然条件与地理位置)和社会环境(包括政治、经济、文化以及与个体相关的其他社会关系)。若按环境的范围分，可分为大环境(指个体所处的总体自然环境与社会环境，如某一国家、某一地区)

和小环境(与个体直接发生联系的自然环境和社会环境，如一个家庭、一所学校)。在同一国家或地域内，人们的大环境通常相差不大，但小环境却千差万别。我们很难改变大环境，但小环境却随个体自身的活动和选择而改变。小环境对个体的影响更为直接，所以，教师更多地把注意力集中在小环境上。但由于社会的变化不断加快，社会通讯、交往手段更加丰富和便利，大环境对人尤其是对青少年的影响也不容忽视。

现代社会中，人的成长越来越多地受学校教育以外的因素的影响。从影响因素范围的广度上看，包括"全部的社会(既包括它的教育资源，也包括社会的和经济的资源)"。[1] 这些影响都可以称之为是教育。因此，便有了关于教育定义的广义与狭义之分。从广义上说，凡是增进人们的知识和技能、影响人们的思想观念的活动，都是教育。人的成长正是各种影响因素综合作用的结果，这多种因素共同构成了影响人发展的庞大的教育系统。在日常生活中，人们经常会使用"教育"一词，正是因为多种因素在综合作用，影响着个体的身心发展。狭义的教育则指以影响人的身心发展为直接目标的社会活动，主要指学校教育，是教育者根据一定的社会要求，有目的、有计划、有组织地通过学校教育的工作，对受教育者的身心施加影响，促使他们朝着期望方向变化的活动。学校教育是一种特殊的环境，是教育大系统中的一个子系统，它对个体的发展有着特殊的意义。

"所谓教育，乃是把本是作为自然人而降生的儿童，培育成为社会一员的工作。"[2]人是教育的产物。人首先是一个自然人，然后才会成为一个社会人。从自然人转化为社会人，其间有许多因素影响，并有着诸多转化环节。学校教育是其中必不可少的一个因素或者说一个环节，然而，学校教育并不能包揽将自然人培育成社会人的一切职责，无处不在的社会影响和环境影响也是不可或缺的。教育与人、社会这三者之间有着本质的联系，它们互相作用，互为牵制，密不可分。教育为社会的发展、为人的发展提供了保证，另一方面，社会和人的发展又不断向教育提出更高、更新的要求，从而促进教育的不断发展。教育、人、社会三者在相互作用中发展。因此，教育从来就不是一个封闭独立、可以自成一体的领域。

---

① 联合国教科文组织：《学会生存——教育世界的今天和明天》，第16页，北京，教育科学出版社，1996。

② ［日］筑波大学教育学研究会：《现代教育学基础》，第3页，钟启泉，译，上海，上海教育出版社，1986。

二、社会关系领导力的内涵

学校教育应与家庭教育、社会教育紧密联系起来。家庭是学生成长的摇篮，社会是无处不在的存在。家庭、学校、社会都对学生的发展起着不可替代的教育作用。但是家庭教育、学校教育、社会教育在其教育目的、地位和作用上各不相同、各有侧重。教师作为学生发展的主要指导者，要协调好这三者之间的关系使其相互衔接、相互补充、相互配合，实现三种教育力量的整合，形成教育合力。

"合力"原本是一个物理学的概念。"一个力的作用和另外几个力同时作用的效果一样时，这一个力就是那几个力的合力。"①合力的计算遵循平行四边形法则。当两个力方向相同时，其合力的方向与两力的方向相同，大小等于这两个力之和。因此要想使合力最大化，首先是要保持方向的一致性，其次是要使每个力都尽可能的大。教育合力也同样遵循着这样的法则。作为教师，要整合来自家庭、学校、社会等各种教育力量，使其在教育目标上保持统一，在教育内容和教育方法上互相补充、协调一致，达到教育合力的最大化，以产生最佳的教育效果。

美国的 Karen M. Dyer 博士作了"关系的领导力：学生成功的关键因素"的发言。关系领导力即"使在一起工作的人们感到有意义，获得认同感"。她认为，关系领导力能有效地激励学生、教职员工、学生家长以及其他人员，有助于学生在学业上、情感上和社会生活中取得成功；校长们的职责不仅仅是机构的领导者，课程的领导者和良好的管理者，而且还是关系的领导者；关系领导力是关于"人"的，是关于他们对于自己是如何被对待的一种知觉，而"知觉"是关系领导力的核心。教师社会关系领导力是教师领导力的重要构成部分，指教师为保证实现学校教育目的，借助其专业知识，在整合家庭、社会等相关教育力量的过程中，所发挥出的素质。它建立在教师对教育教学的充分理解和实践的基础上，是教师参与学校管理、促进学生发展、提升自我内在素养需要予以重视的一种领导能力。学校教育的效果与各种校外影响因素是千丝万缕地联系在一起的，提升教师社会关系领导力是提升教育效果所必须的，这一点也越来越引起人们的关注。以芝加哥为例，1988 年 12 月，州长汤普森签署了《芝加哥学校改革法案》，在每所学校创立了由家长、教师、市民和校长组成的地方

---

① 中国社会科学院语言研究所词典编辑室：《现代汉语词典》，第 452 页，北京，商务印书馆，1994。

学校委员会"。权力由州的中心办事处转到了每所学校，建立去中心化的、民主的组织与管理模式。校本管理赋权给教师担当前所未有的领袖角色。[①]

领导力就是团队的努力。卓越的领导者能让其他人行动起来。他们培养合作精神，建立信任的氛围。学校教育是社会大系统中的一个子系统，其开展与功能的发挥是诸多力量交织作用的结果，比如家庭教育、网络影响、社区环境等。一位优秀的教师应当具有整合、协调甚至引领社会关系的力量。要发挥这种作用，教师的相关知识、能力以及社会责任感等均是重要影响因素。教师的社会关系领导力体现在方方面面，受很多因素的影响，包括：教师本人的家庭生活经验、人生观、价值观等；教师的个性品质、教育理念、专业素养、专业权威、责任意识、协作精神、创新热情、良好沟通能力、组织与策划人际交往活动的能力；教师所在地区及学校的文化氛围；教师所在地区及学校的教师考核评价制度（例如：把"家校合作""社区学校合作"等互助合作的指标纳入对学校、教师的考核评价体系）等。

学校教育置身于错综复杂的社会关系之中，教育对象受诸多因素的影响，学校教育目标的实现也受诸种因素的交互影响。教师如对此诸多社会关系缺乏关注，则不能达成理想目标。社会关系具有强烈的时代特色，以及浓厚的文化特色、地域特色，这都对教师提出了更高的要求。

第二节　整合家庭教育力量

常常会有教师感慨：$5 < 2$，或者 $5 + 2 = 0$。这些公式背后隐藏的问题是，不当的家庭教育在孩子成长中发挥着与学校教育效果反向的作用，干扰了学校教育活动的开展，削弱甚至抵消了学校教育作用的正常发挥。教师作为教育专业人员，应具备整合家庭教育力量的意识和能力。

一、家庭：学校教育的伙伴力量

家庭教育是"父母或其他年长者在家庭内自觉地、有意识地对子女进行的教育"。[②]苏联教育家苏霍姆林斯基说过，教育的效果取决于学校和家庭教育影响的一致性。如果没有这种一致性，那么学校的教学和教育过程就像纸做的

---

① 卢乃桂，陈峥：《作为教师领导的教改策略——从组织层面探讨欧美的做法与启示》，载《教育发展研究》，2006(9A)。

② 《中国大百科全书·教育》，第140页，北京，中国大百科全书出版社，1985。

房子一样倒塌下来。教师只有充分发挥沟通、整合的教育力量，保持学校和家庭教育影响的一致性，才能取得理想的教育效果。

(一)教育，从家庭开始

家庭对人生来说非常重要，因为我们所有的人都是从家庭港湾开始的。家庭是人生永远离不开的一个场所，是人生最重要的一个港湾，我们的人生从这里出发。

家庭教育是影响人的成长的根本因素，对学生身心各方面的成长都具有重要作用。它的作用具有延伸性，延伸到家庭以外的地方。如果家庭教育出了问题，势必在学校教育中带来各种各样的问题。家长是孩子的第一任老师。家长，广义而言指家庭中的长辈，包含父母、祖父母，外祖父母和家庭中的其他成年人等；狭义而言指孩子的法定监护人。家长对孩子的教育负有不可推卸的责任。在《中华人民共和国义务教育法》规定了家长具有让子女接受义务教育的权利和责任。从这个意义上来说家长必然是教师的教育伙伴。

事实上，家长对孩子的成长起到重要的作用，并且对孩子的教育负有责任。从时间上看，家长的影响从孩子出生即开始，家庭教育是学校教育的基础，也是学校教育的延续。如今，教育的概念不断延伸，它开始于人的生命之初，终止于人的生命之末，包括人发展的各个阶段及各个方面的教育活动。人在生命最初几年所受到的教育则是在家庭之中。这一阶段的孩子正处在大脑迅速生长发育时期，是孩子语言、思维、个性形成的重要时期，而这些则将成为学生学校学习的基础。托尔斯泰曾经说，孩子自出生到5岁的这段年龄期内，在他的智慧、情感、意志和性格诸方面从周围世界中所摄取的，要比他从5岁到一生终了所摄取的多许多倍。这就说明家庭教育的重要性，说明了5岁前家庭教育的意义。马卡连柯说5岁时成为什么样的人，将来也就是那样一个人。中国有一句老话，"三岁看大，七岁看老"，说的也是这个意思。孩子进学校以前，其认知风格、行为习惯、情感态度甚至于价值，都已经初步形成了。那么，学校只是起改造的作用，进一步帮助他成长的作用。可以说，家庭对孩子的成人是很关键的。从内容上看，家长对于孩子的影响无处不在，涉及孩子成长的方方面面。家长与孩子长期生活在一起，不仅对于孩子有着全面的了解，还对孩子的各个方面都产生影响。从方式上看，家长对于孩子的影响是潜移默化的，所以一旦形成不易消退。美国心理学家托马斯·哈里森等人根据大脑生理学和心理学研究的最新成果指出：在童年时期记录在大脑中的"父母意识"，即由父母或相当于父母的人身体力行、言传身教所提供的"外部经验"，将永久不衰地记录在每个人的"人格"磁带上，"它在人生的过程中将会自动播放，这种播放具有贯穿人生始末的强大影响".① 因此，如果家庭教育能配合学校教育则可以起到事半功倍的效果，反之将大大削减学校教育的效果。

（二）当下家庭教育主要问题分析

父母影响着孩子一生的发展，然而相当一部分父母并没有接受过科学的教育专业训练，由于不当的家庭教育而引发的问题层出不穷。可以说"家庭是最容易出错的地方".② 当下家庭教育存在的主要问题有：

1. 成绩至上

家庭教育原本应该是关注孩子的身心全面发展。但是，近年来，越来越多的家长把家庭教育的重心转移到关注孩子的学习成绩上来。为了提高学习成绩，家长不惜血本的进行"教育投资"，而孩子则忙碌于各培训机构之中。只要学习好，就会得到各种各样的奖励。至于孩子的兴趣、创造性等方面的发展，常常就被忽视了。

在成绩至上的心态驱使下，一些家长不从孩子的年龄特征出发，不顾孩子实际的心理发展水平和实际能力，任意加重孩子的学习负担和心理负担，甚至急功近利、拔苗助长。正如世界上没有完全相同的两片树叶一样，世上也没有完全相同的两个孩子。他们各有自己的特长与不足，兴趣与爱好。然而，在对成绩的追逐下，他们却在被用同一个标准进行衡量和要求。

父母对孩子成绩的过度关注，以及激烈的升学竞争，使得孩子们成为了"学习的奴隶"和"学习的机器"。中国青少年研究中心 14 年的对比调查数据显示，十年前，全国的中小学生中有近半数学习超时，睡眠不足，而现在这个数据上升到近八成。过大的学习压力和无法保证的正常休息活动时间让现在的孩子们过着"奴隶般"的生活。儿童的天性就是好奇、好玩，过多地参加各种兴趣班、才艺班，高强度、长时间地集中注意力，不但束缚了儿童个性发展，更不利于他们的健康发展。只有让孩子成为他自己，他才能生活得幸福，潜能才能得到发挥。

2. 言行不一

社会学习理论强调，在社会情境中个体的行为因别人的影响而改变，这种影响通过观察和模仿而获得。最能引起人模仿的是他生活中影响最大的人，父母是对学生影响较大的人，是学生社会学习的一个重要对象。教育的办法，最基本的大概就是言传与身教。而在这两者之中，身教尤为重要。孔子的名言：

---

① 马忠虎：《家校合作》，第 15 页，北京，教育科学出版社，2001。

② 朱永新：《教育，从家庭开始》，见新东方网·家庭教育，2013 年 4 月 23 号。

"不能正其身，如正人何？"①可以作为身教重要性的警世名言。现实中，有的家长在对孩子严格要求的情况下，却并不对自身的行为加以检点，甚至完全不以为然。一方面要求孩子认真读书，然而，自己却几乎从不读书；要求孩子孝顺自己，然而自己却可能对父母缺乏关爱。一些家长注重"显在"的说教，而忽略潜移默化的行动影响，导致家庭教育中出现"言行不一"的现象。言行不一，可能会使家庭教育的效果完全崩溃，甚至使得孩子学会虚伪、欺骗与作假。

3. 溺爱与"棒爱"

家长既深爱子女，关注孩子的成长，然而，由于家长并非专业的教育者，他们对于孩子的教育影响并不总是积极的。家长对于孩子的教育方式往往存在偏差。

在中国传统文化的影响下，"家长制"的教育思想仍然存在于众多中国家庭之中。许多家长依然信奉"棍棒底下出孝子""打是亲骂是爱"的教育方式。而另一方面，由于我国的独生子女政策，一家只有一个孩子，孩子成为"小皇帝""小公主"，是家庭的中心，有的家长对孩子百般溺爱。孩子要什么就给什么，在物质生活和精神生活上，不让孩子受一点委屈，不遭一点磨难，一味地迁就，甚至对孩子纵容护短。这种过于溺爱的家庭教育方式，很容易造成孩子自理能力低下，社会适应能力弱，并且还可能会产生孤独、自闭等心理问题。

父母爱子女，这是人之常情。但是爱子女是有学问、有讲究的。教师作为具有较高的文化素养和教育素养，受过专门训练的专业教育者，当加强与学生家长的联系，对家庭教育做出必要的指导，帮助家长成为真正的教育好伙伴。

4. 责任转移

随着生活节奏加快，一些父母忙于工作、学习进修，以致无暇照顾孩子，照顾孩子成为爷爷奶奶的事情。父母与孩子之间缺少接触和互动，不利维护孩子的健康情感的发展，并可能导致心理问题的产生。中国青少年网络协会第三次网瘾调查研究报告显示，我国城市青少年网民中网瘾青少年约占 14.1%，有 2404 余万人；在城市非网瘾青少年中，约有 12.7% 的青少年有网瘾倾向，人数为 1800 余万。专家认为，家庭氛围不和谐、缺少父母关爱是导致青少年出现心理精神问题，继而迷上网游的原因之一。② 缺乏支持性人际关系是导致网瘾的重要原因之一。

还有的家长则认为，教育是学校的事，父母的责任就是让孩子吃好穿好，身体健康。将孩子送到学校后，父母会跟老师说"孩子就交给您教育了"，这似

---

① 《论语·子路》。
② 孙云晓：《亲子关系糟糕是孩子沉迷网络的主要原因》，见孙云晓博客，2013 年 8 月 5 号。

乎就意味着教育责任的转移了。英国文学家哈伯特曾经说过，"一个父亲，胜过一百个校长"。好父母应该跟孩子一起成长。学校教育并不能替代家庭教育的全部功能。

（三）加强家校沟通与理解

有沟通才有协调。教师需要加强与家庭的沟通，增进彼此理解，让家长明白学校教育的要求与目标，从而形成家庭教育与学校教育的合力。加强与家长的沟通是教师整合家庭教育力量的途径。

1. 家校沟通的主要内容

从目前家校沟通的内容看，存在的主要问题是沟通内容单一，即只关注学习成绩。孩子的书包里装着一本"家长联系本"。但是"家长联系本"常常是用于学生记作业，以及家长检查作业后签名，"家长联系本"变成了"作业记录本"。家校沟通应该为教育目的服务，为学生的全面发展服务。因此，家校沟通的内容应该包括学生在校学习与发展的各方面内容。同时，教师要向家长介绍学校教育的目标及近期活动的安排，对家长如何参与、配合提出建议与期待，这样有助于家长积极配合学校教育。

2. 家校沟通的主要形式

（1）通信联系。通信联系是教师与家长进行经常性联系的最主要的方法。教师用这种方法可以告知家长每日作业内容和要求、学生在校表现、班级发展情况等，同时也可以用这种方法交流对于学生教育方法的意见。

传统的家校通信联系方式包括信件和家校联系本。随着信息技术的发展，许多省市地区的教育部门建立了自己的教育信息平台。"家长联系本"有了更为便捷的形式——"教育一线通"。"教育一线通"是在教育系统投入使用的统一消息管理平台，它借助电话，短信和网络等全方位的技术手段，集教育系统工作通讯、学校通知广播、学校信息公告、老师、家长、学生之间的学习交流功能于一体。"教育一线通"与"家长联系本"相比一方面能够使家长了解到更多的教育政策和教育信息；另一方面，与家长交流的时间更加灵活，教师可以在第一时间向家长通告学生情况，家长也可以不受时间限制将需要联络的信息发到老师的信箱、手机。

除了"教育一线通"，手机短信也是目前家校沟通中常用的方式。这些方式快捷、及时，为家校沟通提供了极大便利。但是这种方式也存在不足，那就是缺乏全面、深度、个性化地接触。短信、一线通往往使用简短的语词，传达的只能是简短的语言。而且，常常是群发，缺乏个性化的交流。群发短信在一定程度上减轻了教师的工作量，扩大了教师与家长的沟通面。但是也带来了一些问题。教师大量运用"群发"功能，与家长的沟通缺乏针对性。其实教师个性的留言更能实现与家长的良好沟通。"××同学，在学校的歌咏比赛获得了第一名，我们一起祝贺她！""××同学，在班委竞选中以三票之差落选了，但他已经尽力了，安慰安慰他吧。"个性的留言可以让家长了解学生的动态，指导家长的教育方法。而且，在简短而专业化的叙事话语中，大量的教育信息被剔除了。

有的家长提出了担忧，有了短信交流后，老师和家长之间面谈的机会更少了。现在老师几乎不家访，一学期也就一两次的家长会，见面本来就少，现在有了"一线通"，就更没有说话的机会了，方便是很方便，但长此以往会不会让家长和老师更加陌生？

（2）家校对话：面对面。一线通、短信、电话都是方便、及时的沟通方式，但是，短信毕竟代替不了面对面的沟通，教师和家长面对面交流，是增进了解、形成共识的重要渠道。

教师与家长面对面的对话，一种形式是将家长约到学校进行交谈；另一种形式是家访。家访是教师为了与学生家长互通情况，交流信息，沟通感情，协调学校与家庭的教育步调，统一对学生的教育要求而进行的家庭访问，是学校与家庭密切联系的重要途径。家访可以让教师了解到学生家庭环境、家长的教育方式。俗话说"环境造就人"。教师只有走进学生的家，才能较为全面了解到学生最真实的家庭环境，而这些是难以从与学生的交谈和家长的通信联系中获悉的；教师只有走进学生的家，才能发现家长在教育方式上的问题，才能有针对性地为家长提出教育上的建议。家访，不等于告状，家访的目的是为了认识和了解学生，沟通与学生和家长的感情。常规性家访是必不可少的。许多中学将教师进行常规性家访作为教师的一项重要工作来考察。通过首次常规性家访，教师至少应了解到学生家长职业类别、家长文化程度、家庭经济状况、家庭成员结构的真实情况。通过多次常规性家访，教师应当对家长的教育方式、教育期望有所了解。

（3）家校对话的注意事项。

①营造宽松的气氛。有些家长，对约谈会感到拘束、不自在，所以，教师要注意营造轻松的气氛，比如：先泡一杯茶，说一些孩子和班上有趣的事。在交谈时也要自然一些，亲切一些。比如，开始时可先问一句："王小强近来在家怎么样？"这样的问题家长好回答，从而能自然地进入交谈，畅所欲言。

②避免使用专业术语。采用日常使用的普通语言与家长交谈，家长听得懂。在介绍孩子发展情况时，不要说得过于笼统，而要具体一些。比如：不要光说小强最近表现还可以，而要提供小强在校上课、作业、交往等具体细节。

③以平等的身份与家长交谈。教师切勿以专家自居，采取居高临下的态度教训家长，不要发号施令似的老是说"必须"、"应该"怎样，更不能一味责怪家

长，要尊重家长，多倾听家长的话。教师提出共同促进孩子发展的措施时，宜采用商量的口吻，征求家长的意见。

④谈孩子缺点时要注意方式。对孩子的评价一定要客观、全面，既要肯定优点与进步，也要真诚地提出不足之处。在谈孩子的缺点时，要根据情况，区别对待。如果与家长很熟悉，可以说得直率一些。有些家长自尊心强，把谈孩子的缺点视为对自己的批评，感到有压力。所以，教师特别要注意方式，不要用"迟钝""有病"等字眼来形容孩子，以免伤害家长的感情。

⑤交谈时不要谈论别的孩子。与家长不要谈论别的孩子，也不要随意与别的孩子进行比较，说长道短。因为这样做会使家长产生疑问，不知老师在别人面前怎样说自己的孩子。

⑥交谈完了要肯定约谈收获。教师要指出谈话对家校双方都有益，强调对自己的工作有帮助，如进一步了解了孩子，有利于今后的教育工作。同时，对家长来参加约谈表示谢意，欢迎家长以后继续支持学校的工作，自己愿意竭诚与家长密切合作，共同促进孩子的发展。

⑦约谈完毕后，教师要做小结。小结的内容包括：谁提出约谈；谁参加了约谈；提出了哪些问题及解决的方案和措施；约定了什么时间继续沟通；有关措施实施情况。

教师与家长沟通的方式多种多样，除了上述方式外，还有家长会、家长开放日、家长学校、家长委员会等。教师要根据实际情况，正确选择与家长沟通的方式，达到整合教育力量的目的。

第三节　整合社会教育力量

一、社会：影响学校教育的外部力量

社会是以共同的物质生产活动为基础而相互联系的人类生活共同体，"是人们交互作用的产物"。[①] 社会教育，"广义的指一切社会生活影响于个人身心发展的教育；狭义的则指学校教育以外的一切文化教育设施对青少年、儿童和成人进行的各种教育活动"。[②] 有学者从"社会教育"涵盖的内容，将其区分为

---

① 马克思，恩格斯：《马克思恩格斯选集》，第 320 页，北京，人民出版社，1972。

② 《中国大百科全书·教育》，第 140、313 页，北京，中国大百科全书出版社，1985。

这样几个方面：职业组织教育、文化组织教育、社区教育。并依据从事教育的机构不同，可以将教育的形态区分为：学校教育、家庭教育、职业组织教育、文化组织教育、社区教育五类。这五类教育的承担者各不相同，其中职业组织教育，指的是各种各样的职业部门所从事的职业技能训练等，如农民和手工业者的生产训练，工厂等职业部门的培训等；文化组织教育，主要是由文化机构，如青少年宫、图书馆、展览馆等来承担的，也就是上面所引述的狭义的"社会教育"；社区教育是由社区机构特别是领导机构承担的，是社区机构间一种横向的联系与协调。本章所指社会教育力量，指除学校教育、家庭教育以外的教育形态，此外还包括非正式教育（informal education），指在日常生活经验中根据个人的需要和兴趣获得知识、技能和态度，类似于孔子所讲的"三人行，必有我师"的学习方式。孔布斯对这个词语是这样解释的："每个人从日常经验和生活环境——家庭、工作、娱乐中，从家人和朋友的榜样和态度中，从旅游、读报和看书中，或通过收听广播、收看电视和电影，学习和积累知识、技能、态度和见识的终生过程。一般来说，非正式教育是无组织无系统的，甚至有时是无意识的，然而它却占了所有人，包括那些受过多年教育的人，整个生命中学习过程的很大部分。"①

学校不是象牙塔。学生的成长并不仅限于学校。学生在接受学校教育的同时也受到社会教育的影响。然而社会对于学生的影响并不总是积极的。这就需要教师及时了解社会对于学生的影响，善于利用和控制社会对于学生的影响，使其与学校教育保持一致，成为学生健康成长的推动力。

二、社区教育资源的开发与利用

社会是由一个个或大或小的社区所组成的。社区（community）是社会区域共同体的简称，指占有一定地域的人口群体，并在一定的社会关系中从事经济、政治和科技文化活动而组成的相对独立的地域社会，任何一个社区就是一个规模不等的具体的小社会，是整个大社会的不同程度的缩影。社区这个概念，最初来自德国学者滕尼斯（Tonnies，F. J.）采用的德文 gemeinschaft 一词，原义是指共同的生活。滕尼斯用这个词指那些具有共同价值取向的、关系密切的社会关系和社会团体。对社区进行系统的研究是从 20 世纪二十年代开始的，至今仍对其含义有着不尽相同的认识，大体上可把它界定为根据一定的规范和

---

① ［美］孔布斯：《世界教育危机——八十年代的观点》，第 25 页，赵宝恒，等译校，北京，人民教育出版社，1990。

制度结合而成的、聚集在一定地域范围内的社会群体和社会组织。社区是沟通学校与社会的中介。"社区教育"这个概念的正式确立、广泛使用，是在第二次世界大战之后。社区教育就其目的来讲，是要把社区内的人力与物质资源集中起来，为社区内的居民提供更多的受教育机会，因而它是以社区内多个社会组织与机构的参与为特征的。

（一）学生所生活的社区拥有着重要的教育资源

联合国教科文组织提出："社会不能通过一个单独的机构对它的所有一切组成部分（无论在任何领域）发挥其广泛而有效的作用，不管这个机构多么广大。如果我们承认，教育现在是，而且将来也越来越是每一个人的需要，那么我们不仅必须发展、丰富、增加中小学和大学，而且我们还必须超越教育的范围，把教育的功能扩充到整个社会的各个方面。学校有他本身的作用而且将进一步发展。但是我们越来越不能说，社会的教育功能乃是学校的特权。所有部门——政府机关、工业、交通、运输——都必须参与教育工作。"①现代社会社会中的所有部门都承担起了教育的功能。由于地域上的关系，对于学校来说，社区中的各部门是最方便被利用的社会教育资源。

不仅如此，社区中的居民由于生活所需彼此产生互动，特别是互赖与竞争关系。在这种社区互动中社区居民会产生明确的"归属感"及"社区情结"。这种社区中的互动和"社区情结"也是一种重要的社会教育资源。学生在学校中学习的内容在社区中实践，如果得到了肯定将对其产生积极影响，反之亦然。教师应利用好社区资源，从而达到整合社会教育之目的。

（二）充分利用社区资源

对教师来说，分析、综合利用社区资源的积极作用，积极加强与社区的联系，充分利用社区资源的有利教育力量是十分重要的。社区的经济、文化、人口等都对于学生有着或直接或间接的影响。社区为学校教育提供了丰富、便捷的资源。教师要充分利用社区资源，使学生深入到社会大课堂中，体验各种不同的社会角色，学习社会规范，扩大社会交往。

要充分利用社区资源，教师需要做到：

1. 了解社区教育资源

教师要想充分利用社区资源，首先要对社区教育资源做到了如指掌。社会的教育丰富多彩，如图书馆、青少年宫、体育场、公园、俱乐部等文化设施，

---

① 联合国教科文组织：《学会生存——教育世界的今天与明天》，第201页，北京，教育科学出版社，1996。

以及科研机构、工厂农村、机关、部队等。教师应当了解社区中的这些可以利用的资源。

2. 聘请校外辅导员，参与学校教育

教师可以联系社区教育机构，聘请相关人员担任辅导员，参与到学校教育中来。社区中有各种科技、文艺人才和能工巧匠、英雄模范人物、离退休干部、军官、工人等教育力量。教师可以聘请他们担任校外辅导员，与他们共同商讨教育问题，从而获得专业上的支持。教师可以请校外辅导员给与学生专业的教育，聘请警察给学生做安全教育，请空姐给学生做礼仪教育，请军人给学生做爱国主义教育。

3. 与社区有关单位建立联系，开展社会实践活动

教师可以加强与有关单位的联系，使其成为学生的校外实践基地。让学生有实践、锻炼的机会，能够学以致用。

相关链接 7-1：参观麦当劳活动①

11 月 29 日下午利用半天时间组织了班级成立以来的第一次班级活动——"麦当劳"店面参观。

活动地点：麦当劳明瓦廊餐厅（大洋对面）

活动形式：八人一组，全班一共四组。

活动步骤：

（1）麦当劳店面参观后区、产区、服务区、藏库，经理随队讲解，对麦当劳有个大致的了解。

（2）制作麦辣鸡腿汉堡。

（3）学习制作圆筒冰淇淋。

活动主题：

期中考试结束后，放松全班紧张的神经。并能让学生在喜欢的活动中通过自己体验、感受明白一些道理。

活动意义：

（1）作为期中考试的总结，奖励前段时间表现优秀的同学。

（2）明白做好任何一件事情要规范，按规定的要求去做。

（3）明白要注重细节，细节决定成败。越是大规模的企业越是注重细节。

（4）体验麦当劳轻松愉快的工作氛围，明白加强班级外部、人文环境建设的重要性。

---

① 案例来自江苏省南京市史菁老师。

社区环境中不可避免也存在一些不良影响因素。学校与社区建立社会教育协调组织，共同抵制社区内不良教育影响。教师可以通过与社区居民委员会、派出所、教育委员会等的合作，借助社区的力量，尽可能地减少社区内的不良影响。

三、引领与选择：大众文化影响下教师的应对

随着经济和社会的飞速发展，大众文化作为一种普遍的文化现象已经渗透到各个阶层的很多层面，学校教育的外部环境也随之发生了巨大的变化。大众文化对学生的影响既有积极的一面，也有消极的一面，教师要引导学生正确对待大众文化，提高学生判断、选择的能力，对于有害于学生健康成长的现象，要坚决予以抵制、斗争。

（一）大众文化

所谓大众文化是指在工业化时代、市场经济的导向下产生的，以文化产业为特征，以现代科技传媒为手段，通过各种文化形式反映社会大众日常生活，适应社会大众文化品味并在社会大众中广泛流行，为社会大众所接受和参与的意义的生产和流通的精神创造性活动和成果。具体来说，广告艺术、影视文化、流行歌曲、网络文化、消费文化、服饰饮食文化等，都属于大众文化。随着科学技术的发展和社会生活的复杂多样，大众文化的形式还将不断衍生。大众文化是一种都市工业社会或大众消费社会的特殊产物，其明显的特征主要是为大众消费而制作。20 世纪八十年代后期以来，中国大众文化蓬勃发展。流行音乐、香港搞笑片、好莱坞大片、时装 show 等五彩缤纷的大众文化盛行，在中国形成了一种壮观的文化景观。

大众文化主要以报纸、杂志、书籍等机械印刷媒介和广播、电影、电视、网络等电子媒介为主要传播媒介，大众文化和市场紧密结合。在现代社会中，竞争非常激烈，人际关系复杂，人们心里承受着过重的压力，所以渴望获得休闲和放松，以释放自己的精神压力和紧张。大众文化是日常的，它十分迎合大众，以轻松、快乐的姿态赢得各个阶层大众的欢愉，具有休闲娱乐性。大众文化对青少年具有一定的积极作用。如流行音乐对于青少年来说主要是个人感情的一种寄托或是调节，可以激发他们的创造力、理想，能够给他们带来一些鼓舞。一些影视作品也激发了青少年的斗志，陶冶了他们的情操，增强了他们的爱国主义情感，丰富了他们的课余生活。网络文化对青少年的道德也有一定的积极影响，不仅提供给广大教师和同学一座取之不尽、用之不竭的知识库和图书馆，而且还提供了一种新的广阔的教育空间。

不可否认，大众文化传播中存在着只求当下快乐的道德虚无的文化心态，大众文化在发挥着积极作用的同时，也可能带来消极影响。比如，攀比心理，及时行乐心理等。

相关链接 7-2：穿名牌重在"脚"①

为了能有一双名牌球鞋，我市某中学学生军军(化名)和妈妈约定，只要期末考试成绩提高了，妈妈就要给他买一双名牌球鞋。军军说，他们班有 50 多名学生，大部分同学都拥有一双到几双高档球鞋。据记者调查，中学生在穿着颜色、款式几乎相同的校服下，攀比之风已从衣服转到了"脚上"。

记者在我市几个大商场看到，耐克牌的运动鞋标价在 500 元到 1000 元之间，而其他牌子的运动鞋也很少有低于 300 元的。军军告诉记者："平时学校要求学生上学都穿校服，只有穿一双比较酷的鞋子才能体现出自己的个性，要么穿耐克的，要么穿阿迪达斯的，最起码要李宁的。这些名牌运动球鞋多是球星、艺人做的产品代言，拍的广告也很时尚。很多同学对名牌鞋很有'研究'，谁穿上新款，马上就能成为班上谈论的话题。"

放学时段，在市城区部分中学校门前，记者和学生们聊天时获悉，不少学生对名牌都有偏好。除了时尚因素，这些稚气未脱的孩子谈起穿名牌的原因毫不隐讳，"穿名牌就是有派头，什么'普通牌子的鞋子挤脚啊'之类的话都是蒙骗爸妈的。"同时，学生们也承认是虚荣心在作祟。别人都穿，自己不穿就没面子。"没有虚荣心的人是不正常的。"一位同学语出惊人，紧跟其后的是一片赞同之声。记者问："那么你们知道自己的爸妈能不能承担得起你们穿名牌的要求呢？"学生们一阵沉默，"……其实有时候是爸妈主动给买的。"另一位同学说。

相关链接 7-3：两小学女生跳塘自杀　遗书称盼能穿越到清朝②

在课堂上完成一纸遗书后，漳浦县前亭镇过港村五年级小学生小美(化名)和同桌小华一起跳进了一个 2 米多深的池塘，等到家人发现为时已晚，如花般的生命消逝在池塘里。

小华和小美是漳浦前亭镇过港小学五年级的学生，坐在班级第二组最后一排的位置。她们都是 12 岁，是无话不说的好姐妹。3 月 1 日下午第一节课结束后，小华神色慌张，称她摸遍了身上的口袋，就是找不着自家卷帘门的遥控器。她把这件事告诉了小美，两人一起商量着该怎么办。当天下午 4 点多，小学放学了。小华和小美偷偷地将"遗书"藏在小华家放碟片的柜子里，随后去跳

---

① 《中学生攀比之风盛行》，见晋中金融，2013 年 10 月 23 日。
② 《两小学女生跳塘自杀　遗书称盼能穿越到清朝》，见中国广播网，2012 年 3 月 5 日。

池塘。至于跳塘原因，大部分的村民觉得可能是小华把丢东西看得太重，形成心理负担。不过，不少村民并不认同此说法，一个村民说，可能是两个小孩有心理问题，遥控器丢失不过是一个诱因，"而小美可能是因为跟她太要好，重承诺，也可能是穿越剧看多了"。

小美的记事本上写着：老爸，老妈，我不能孝敬你们了，我要走了。弟弟要好好孝敬老爸、老妈。我的好姐妹（指小华）弄丢了钥匙，她怕回去被骂，她要去死，我决定陪她一起去死。你们要放宽心，我们不能同年同月生，但求同年同月同日（死）。这一辈子，我有两个秘密，一个是要穿越时空，到清朝，拍一部皇帝的电影，一个是要到太空。

网络时代虽然极大地拓展了孩子们的视野，但也在某种程度上扭曲了他们的生活。儿童的天性需要玩耍，需要面对面的同伴交往。而现代电子化的生活方式使儿童长时间沉浸在虚拟的、人机交互的世界中。当青少年在现实生活中失落空虚的时候，会在网络世界里寻找乐趣，久而久之造成了他们逃避现实的心理倾向，容易使青少年产生精神麻木和道德情感冷漠，并失去现实感和有效的道德判断力，导致道德行为失范。青少年长时间沉浸在网络中，习惯了在网络游戏中打打杀杀，动刀动枪，在现实中有时一言不合，就举刀相向，酿成惨剧。全国每年都有这样的案例发生。网络文化、电视文化的泛滥，使得儿童生活在成人世界中，失去了"童真"。

浅薄庸俗的灰色童谣的蔓延也是大众文化带来的一个消极后果。这给青少年的成长带来负面影响，同时给学校教育工作以警示。如何在大众文化参差不齐、泥沙俱下的背景下做好学生教育工作，对学生加以正确的引导，应引起学校的充分重视。

相关链接 7-4：痞子童谣击中校园文化的软肋①

要是不知痞子童谣为何物，那就想象一下吧：小学一年级的女生，在家里念上"今年学费真他妈的贵，学习写字真他妈的累，不如加入黑社会……"的顺口溜；四年级的女生，跟人张口就是"一年级的小偷，二年级的贼，三年级的帅哥没人陪，四年级的美女没人追，五年级的流氓一大堆，六年级的情书漫天飞"；初一学生则可以拿出练习本，得意地展示里面写着的一堆这样的童谣。

痞子童谣，不外乎两大特点：一是思想观念上的离经叛道，二是语言风格的通俗上口。前者所具有的思想观念上的颠覆作用，我们的教育者都能很容易地感觉到，因而，很快就会考虑，如何通过强化思想教育，来消除这些痞子童

---

① 《痞子童谣击中校园文化的软肋》，见新华网·辽宁频道，2005 年 3 月 1 日。

谣的恶劣影响。可老师和家长往往没有想到，教育内容有时会受制于教育形式。学校有专门的思想品德课，做父母的也无不希望自己的孩子积极进步、健康向上，可为什么这一切就没抵制住痞子童谣的侵蚀呢？世界观的进步与落后，人生观的积极与颓废，价值观的纯正与扭曲，判若天壤，明若泾渭，何以学生偏就弃上俯下、去清就浊，热衷起痞子童谣来呢？

如果说痞子童谣迎合了学生的逆反心理，那么就要反思，我们的思想教育有没有倒了学生的胃口？且不说内容上的陈旧、俗套，单就语言的刻板、乏味，就没法不把学生往痞子童谣那里赶。此前，有人在搜狐网上批评中国的校训"没人性"，把中外几十个大学的校训列出来比较，结果发现，中国的校训往往"四词八字"，非常雷同，有些甚至完全一样；而国外的校训则显得有生气、有个性，如哈佛大学的"让真理与你为友"，悉尼大学的"繁星纵变，智慧永恒"。中小学的校训，更是由"勤奋""团结""创新""文明"几个有限的词语来组合，意思都不错，但学生可能早就看腻了。

由校训体现的其实就是校园文化。不同的文化，存在着势差，征服人的永远是强势文化。痞子童谣能在一些校园风靡一时，并不能说明它就成了校园的强势文化，但至少表明它具备了强势文化的一些特点，对学生这样的特定群体产生了不应有的亲和力。校园文化要是只求导向的正确，而不考虑载体的适用，就难免会在痞子童谣面前，露出自己不堪一击的软肋。

大众文化有着强大而持久的渗透力，不断强化其所含观念在大众当中的影响。中学生的心智发展还不成熟，还不稳定，所以大众文化对青少年影响更为直接、有效，甚至是深远的。

(二)教会判断与选择

外部环境为个体的发展提供了多种可能，不同的环境对个体发展的意义也不相同，因而不同环境中人的发展有很大区别。但个体对环境的作用也不是消极的，处在同一小环境中的个体，其发展水平也不会完全相同的。个体对环境持积极态度，就会挖掘环境中有利于自己发展的因素，克服消极的阻力，从而扩大发展的天地。所以教师不仅要注意为受教育者的发展提供较有利的条件，更要培养学生认识、利用和超越环境的意识和能力。

大众文化以其生动的形式、娱乐的精神、无处不在的存在，对青少年产生巨大的影响。某市一所中学的一个班级在征求班刊刊名时，收集到的刊名十有八九用了流行歌曲的歌名。这也体现出青少年对大众文化的盲从，人家用什么我用什么，人家看什么我看什么，人家玩什么我玩什么，人家怎么哭我怎么哭，人家怎么笑我怎么笑。个人生活乃至感觉思想都趋向时尚，一切随大流，甚至没有了自己的思考与判断，"跟着感觉走"甚至也成为特立独行的标志。社会纷繁复杂，社会对于学生的影响有积极也有消极。青少年精力旺盛，辨别是非能力和自我控制能力不强，极易受外界影响。社会上的各种带有凶杀、色情、暴力、赌博的录像与游戏和色情网站等会将他们带入歧途。教师有责任帮助学生抵御来自社会的消极影响。

大众文化从教育的模式、方法还有目的上对学校教育提出了新的要求和挑战，这就要求教师要借鉴和吸取传统教育中适合于大众文化背景下可以进行的方式和方法，更要创造出适合现代社会发展，符合青少年心智发展规律的教育方法。社会、学校和家庭就要通力协作，承担好应承担的责任，使行之有效的方式和方法可以最大限度地发挥它的功效，从而在大众文化背景下，促进青少年的身心全面健康地发展。

教师不可能完全消除社会不良影响、也不能完全隔绝学生与社会的联系，简单地下一道"禁令"，或者重"堵"轻"疏"，同样不能有效地解决问题。那么帮助学生抵御不良社会诱惑的最根本的方法就是引导学生提高判断和选择的能力。在教育双方人格平等的基础上，交流沟通，引领未成年人正确对待网络、明星，分清在社会的大众文化中哪些是健康有益的，哪些是不良有害的，从而形成正确的认识和行为。例如，对于青少年"偶像崇拜"心理，教师就要引导他们正确识别偶像，学习和景仰那些为国争光的明星，例如刘翔、姚明等先进人物，而不是一味禁止偶像崇拜。

【关键概念】

教师社会关系领导力　　家庭教育　　社会教育

【复习与思考】

1. 学习本章之后，请你认真思考、分析与梳理，想一想教师社会关系领导力的知识架构与能力架构，在头脑中形成教师社会关系领导力的观念。

2. 从你的实际经历来看，你认为现实中教师的社会关系领导力存在哪些方面的问题和不足？

【推荐阅读】

1. 图书、期刊学习资源推荐

(1)屠春友. 现代领导心理学. 北京：中共中央党校出版社，2001

(2)杨宝忠. 大教育视野中的家庭教育. 北京：社会科学文献出版

社，2003

(3)期刊《家庭教育》(ISSN：1004－048X)

2．网络学习资源推荐

(1)家庭教育网：http：//www.cnjtjy.com/

(2)江苏省网上家长学校：http：//www.jiangsuedu.net/cms/js/index.jsp

【实践园地】
实践1
　　教师领导力系列实践(七)——我的社会关系领导力发展方案
通过阅读和访谈，我对社会关系领导力的理解

我的优势与不足

提升社会关系领导力的途径

实践2
无领袖小组对话训练活动

1．活动形式

以 4~6 人小组为单位，围坐对话，时间为 10 分钟。活动无主持人，所有同学自由对话。

2．活动宗旨

本活动主要考察学生的组织协调能力、语言表达能力、辩论说服能力、倾听和理解他人等各方面的能力和素质，以及自信心、进取心、情绪稳定性、反应灵活性等个性特点。

3．评价标准

(1)参与有效发言的次数；

(2)语言表达、分析问题、概括或归纳总结不同方面意见的能力，反应的灵敏性、概括的准确性、发言的主动性等；

(3)是否能提出自己的见解和方案，同时敢于发表不同意见，并支持或肯定别人的意见，在坚持自己的正确意见的基础上根据别人的意见发表自己的观

点、改进自己的观点；

　　(4)能否倾听他人意见，并相互尊重；

　　(5)是否有随时消除紧张气氛，说服别人，调节争议，创造一个使不大开口讲话的人也想发言的气氛和能力，并最终使众人达成共识。

　　4. 活动材料

　　张老师班上有一个学生叫小亮，父母在外工作，平时随爷爷奶奶生活。小亮放学后常常在外玩，不能很好地完成学习任务，学习成绩较落后。爷爷奶奶能照顾小亮的生活，但是对小亮的学习束手无策。张老师了解这一情况后，便常常用业余时间督促和辅导小亮学习，渐渐帮助小亮养成了良好的学习习惯，小亮的学习成绩也逐渐好转。春节时，小亮的父母回家，得知张老师对小亮的帮助，非常感动，特地到张老师家表示感谢，并付给张老师5 000元费用。张老师一番推辞，但小亮父母执意要张老师收下，张老师收下了这5 000元。后来，教育局和学校知道情况后，认为张老师的行为属于有偿家教，有违教师职业道德，给予了张老师严肃的批评。

　　如何看待这个问题？请就此案例进行对话。

参考文献

[1] [美]诺思豪斯. 领导学：理论与实践. 吴荣先，译. 南京：江苏教育出版社，2002.

[2] [美]詹姆斯·库泽斯，巴里·波斯纳. 领导力. 李丽林，杨振东，等译. 北京：电子工业出版社，2004.

[3] [英]阿尔玛·哈里斯，丹尼尔·缪伊斯. 教师领导力与学校发展. 许联，吴合文，等译. 北京：北京师范大学出版社，2007.

[4] [美]安东纳基斯，茜安西奥罗，斯滕伯格. 领导力的本质. 柏学翥，刘宁，吴宝金，等译. 上海：上海人民出版社，2007.

[5] [美]托马斯·J·瑟吉奥万尼，罗伯特·J·斯特兰特. 道德领导抵及学校改善的核心. 上海：上海教育出版社，2003.

[6] [美]约翰·杜威. 我们怎样思维·经验与教育. 姜文闵，译. 北京：人民教育出版社，1991.

[7] [英]盖勒·C·阿弗利. 领导学：模式与案例. 上海：上海财经大学出版社，2006.

[8] 梁仲明. 教育学通论：理论与实践. 北京：北京大学出版社，2007.

[9] [日]佐藤学. 静悄悄的革命. 李季湄，译. 长春：长春出版社，2003.

[10] 翁文艳. 国外领导教育与培训概览. 上海：华东师范大学出版社，2008.

[11] 施良方. 课程理论——课程的基础、原理与问题. 北京：教育科学出版社，1996.

[12] 黄政杰. 课程评鉴. 台北：台湾师大出版社，1993.

[13] 黄显华，朱家颖. 课程领导与校本课程发展. 北京：教育科学出版社，2005.

[14] 魏书生. 班主任工作. 沈阳：沈阳出版社，2000.

[15] 班华，高谦民. 今天，我们怎样做班主任·中学卷. 上海：华东师范大学出版社，2006.

[16] 周晓静. 中学班主任. 南京：南京师范大学出版社，2010.

[17] 万玮. 班主任兵法. 上海：华东师范大学出版社，2004.

[18] 周明星. 成功班主任全书. 北京：人民日报出版社，1999.

[19]钟启泉．班级管理论．上海：上海教育出版社，2001．

[20]齐学红．班级管理．武汉：武汉大学出版社，2011．

[21]王艳霞．教师成为研究者——基于一所中学的个案研究．北京：北京师范大学出版社，2011．

[22]石柠，董倩超．教师科研意识的自我培养．广州：世界图书出版公司，2010．

[23]郑金洲．教师如何做研究．上海：华东师范大学出版社，2005．

[24][美]麦金太尔，奥黑尔．教师角色．丁怡，等译．北京：中国轻工业出版社，2002．

[25][美] Ralph Fassler，Judith C. Christensen．教师职业生涯周期：教师专业发展指导．董丽敏，高耀明，等译．北京：中国轻工业出版社，2005．

[26][苏]苏霍姆林斯基．和青年校长的谈话．赵玮，等译．北京：教育科学出版社，2009．

[27][美]克拉克·威斯勒．人与文化．钱岗南，等译．北京：商务印书馆，2004．

[28]王艳霞．教师成为研究者——基于一所中学的个案研究．北京：北京师范大学出版社，2011．

[29]曾艳，卢乃桂．教师领导如何发生？近十年"教师领导"研究述评．教育科学，2012(1)．

[30]陈纯谨，王红．英国学校改进中的教师领导研究述评．外国中小学教育，2010(9)．

[31]卢乃桂，陈峥．作为教师领导的教改策略—从组织层面探讨欧美的做法与启示．教育发展研究，2006(9A)．

[32]杨启亮．教师学科专业发展的几个层次．教育发展研究，2009(Z2)．

[33]苗建明，霍国庆．领导力五力模型研究．领导科学，2006(9)．

[34]李冲锋．教师教学领导力的开发．当代教育科学，2009(24)．

[35]连榕．新手—熟手—专家型教师心理特征的比较．心理学报，2004(1)．

[36]严新根，靳飞．教师课堂领导力及其增强路径．教育理论与实践，2010(9)．

[37]钟启泉．从"课程管理"到"课程领导"．全球教育展望，2002(12)．

[38]刘径言，吕立杰．教师课程领导的概念诠释与研究反思．现代教育管理，2010(11)．

[39]徐君．教师参与：课程领导的应有之举．课程·教材·教法，2004(12)．

[40]余进利．校长课程领导：角色、困境与展望．课程・教材・教法，2004（6）．

[41]黄显华，朱家颖．课程领导与校本课程发展．北京：教育科学出版社，2005．

[42]冯生尧，李子健．教师文化的表现、成因与意义．教育导刊，2002(4上)．

[43]韦敏．教师的马赛克文化：概念、成因及其超越．教育理论与实践，2004（4）．

[44]李款．教师领导力内涵．现代教育论坛，2009(7)．

[45]Hargreaves，A. Realities of teaching（1995）. In L. W. Anderson（Ed.），*International encyclopedia of teaching and teacher education*（2nd ed.）. Cambridge UK：Pergamon.

[46]Hargreaves，A. & Fullan，M.（1998）.*What's worth fighting for in education*? Buckingham，UK：Open University Press.

[47]Lambert，L.（1998）.*Building leadership capacity in schools*. Alexandria，VA：Association for Supervision and Curriculum Development.

[48]Katzenmeyer，M. & Moller，G.（2001）.*Awakening the sleeping giant*：*Helping teachers developing as leaders*. Thousand Oaks，CA：Corwin Press.

[49]Barth，R. S.（1991）.*Improving schools from within*：*Teachers，parents，and principals can make the difference*. Hoboken，NJ：Jossey-Bass.

[50]Hargreaves，A.（1994）.*Changing teachers changing times*：*Teachers' work and culture in the postmodern age*. London：Cassell.